DIÁRIO DE UM PESQUISADOR NORTE – AMERICANO NO BRASIL III

MARK J. CURRAN

Order this book online at www.trafford.com
or email orders@trafford.com

Most Trafford titles are also available at major online book retailers.

Print information available on the last page.

ISBN: 978-1-4907-7742-9 (sc)
ISBN: 978-1-4907-7763-4 (e)

Trafford rev. 10/17/2016

Trafford
PUBLISHING®   www.trafford.com
North America & international
toll-free: 1 888 232 4444 (USA & Canada)
fax: 812 355 4082

Dedicatória

Voltando a vista ao "Retrato do Brasil em Cordel" pelo Ateliê, 2011, São Paulo, à página "Agradecimentos", aí se veem as pessoas do mundo acadêmico brasileiro que facilitaram a pesquisa no Brasil através os anos de 1966 a 2002. Considero "Retrato" o livro mais sério, mais completo e melhor pesquisado e escrito de todos os meus esforços a captar a literatura de cordel brasileiro. Realmente conta a história completa do cordel.

Agora em 2015, completando a série "Estórias que Contei aos Estudantes" neste terceiro volume de anedotas de viagem no Brasil, gostaria de colocar mais uma lista, mas diferente. O leitor notará que o Volume I destas memórias levou o título "Peripécias", o Volume II "Crônicas," e agora o Volume III "Diário". Há razão nesta escolha de palavras. O propósito na narração mudou e se evoluiu através os anos. Nesta narrativa final de todos os momentos de vida no Brasil – pesquisa, viagens, congressos, noites de autógrafo, turismo, farra e festa, solidão e tristeza, alegria e triunfo – o tom da narração é diferente. É principalmente um "diário" das viagens.

Certo que escreverei de momentos intelectuais nos congressos, das palestras dadas, mas, igualmente importantes são os encontros com novos amigos, poetas de cordel, ícones de cultura nordestina no Brasil, e talvez mais importantes os encontros com velhos amigos que cuidaram de mim nos momentos felizes e difíceis através os anos. É a continuação no namoro com o Brasil, os Brasileiros, a Literatura de Cordel, e o apoio dos amigos no Brasil e a esposa Keah através os anos. A todos eles, pois, dedico este livro. A lista será segundo os encontros cronológicos através os anos indicados neste volume, 1988 a 2005.

I. Poetas de cordel e artistas do meio
    Gonçalo Ferreira da Silva
    Azulão (João José dos Santos)
    Abílio de Jesus
    Sinésio Alves
    Expedito da Silva
    Franklin Machado
    Téo Azevedo
    J. Barros
    Ulysses Higino
    J. Borges
    Zé Lourenço
    Abrãao Batista

Valdeck de Garanhuns
Jerônimo Soares
Gerardo Frota
Vânia Frota
Marcelo Soares
José Costa Leite
Varneci Nascimento
José Alves Sobrinho

II. Pesquisadores, intelectuais, e escritores
Adriano da Gama Kury
Homero Senna
Neuma Fechine Borges
Edilene Matos
Ildásio Tavares
Raquel de Queiróz
Ronaldo Daus
Ariano Suassuna
Idelette Fonseca Mozart
Liêdo Maranhão
Edison Oliveira
Carlos Cunha
Orígenes Lessa
Ivan Cavalcanti Proença
Myriam Fraga
Sérgio Miceli
Plínio Martins
Assis ﾀngelo
Jerusa Pires
José Aderaldo Castelo
Audálio Dantas
Joseph Luyten
Rosilene Melo
Ivone Maia
Gutenberg Costa
Arnaldo Saraiva

III. Amigos e anfitriões
Henrique e Cristina Kerti
Flávio Veloso
Mário e Laís Barros
Edilene Matos
Carlos Cunha
Neuma Fechine Borges e José Elias
Luís Raimundo Fernandes
Origenes e Maria Eduarda Lessa
Roberto Previdi Froelich
Michael Grossman
Audálio e Vanira Dantas
Zé Rubens e Abigail
Sízio Araújo
Joseph e Sônia Luyten

E, para Keah

Índice

Relação Das Fotos Para O Livro "Diário De Um Pesquisador Norte-Americano No Brasil III"

1. Copacabana na névoa e a poluição
2. Curran na livraria com o livro novo sobre Rodolfo Coelho Cavalcante e a Moderna Literatura de Cordel
3. Caipirinha no Othon, o Rio, 1988
4. Henrique e Cristina Kerti no Rio, 1988
5. Mark e os Kerti no Rio, 1988
6. O quarto na Pousada São Francisco: Brahma, xilogravuras de J. Borges e livros sobre o cordel
7. Curran na rede depois da praia, Recife
8. Os acadêmicos, o Recife, o congresso
9. Neuma Fechine Borges e outros, o congresso
10. Foto oficial do congresso, o Recife, 1988
11. Curran com a famosa Raquel de Queiróz, Recife, o congresso, 1988
12. Ariano Suassuna e sua arte
13. Liêdo Maranhão, folclorista e escritor, e o autor, Olinda
14. Carlos Cunha e Curran, Salvador, 1988
15. Abílio de Jesus e a tipografia, Salvador
16. Mário, Laís Barros e família, Itapuã 1988
17. Mark na praia de Itapuã
18. O poeta de cordel Gonçalo Ferreira da Silva, o Rio, 1989
19. Curran e a biblioteca de Orígenes Lessa na casa dele
20. Henrique, Cristina, Letícia Kerti e amigos, o Rio 1989
21. Curran e os Kerti
22. Os Kerti no Hotel Glória
23. Na hora da confissão
24. Mark e Henrique Kerti, Hotel Glória, 1989
25. Mark e o quadro do Imperador Dom Pedro II, Hotel Glória
26. Mark e o amigo Luís Raimundo Fernandes, o Rio
27. Edilene Matos, Carlos Cunha, Salvador 1989
28. Praia da Barra, Salvador, 1989
29. Praia de Manaíra, João Pessoa, 1989
30. O Pelourinho renovado, Salvador, 1990
31. Mark, camiseta de Exu, a Fundação Casa de Jorge Amado, Salvador

72. Curran e os poetas Téo Azevedo e J. Barros, São Paulo
73. O dono do Rádio Atual e Frei Damião na velhice
74. A turma no Rádio Atual
75. Cantador de boiadas e o interlocutor Téo Azevedo, Rádio Atual
76. "Boiando" no Rádio Atual
77. Curran e os poetas, almoço no Centro Cultural Nordestino
78. Dançando forró no Centro Cultural
79. Sízio Araújo, irmão da Clarice, e família
80. Mark, Sízio e família
81. Saída de Fênix pela Delta, ano 2000
82. Copacabana, a chegada
83. Roberto Previdi Froelich, "The Western Canon"
84. Mark, Rodrigo, Letícia, e Cristina Kerti no restaurante na Barra
85. Desde o hotel na Barra, Bahia
86. Posto de sol na Barra
87. O Largo de São Francisco, Salvador
88. Mark com o frade franciscano
89. No Pelourinho em frente da Fundação Casa de Jorge Amado
90. Azulejo histórico, Real Gabinete de Leitura Portuguesa, Salvador
91. O Elevador Lacerda frente à bahia
92. Nossa Senhora da Conceição, Salvador
93. Mário, Carla, Laís Barros
94. Hotel no Recife, Praia da Piedade, Congresso da BRASA
95. Mark palestrando, Ariano Suassuna apreciando
96. Zélia e Ariano Suassuna
97. Mark, Zélia e Ariano Suassuna
98. O Hotel 4 de Outubro, Recife
99. Mark, o "modelo" de Lampião
100. Olinda, vista do mar
101. Sérgio Campelo, "Sá Grama"
102. Antigo engenho de açúcar, ateliê de Francisco Brennand
103. Mestre Brennand e admiradores
104. Almoço em Olinda, congressistas
105. Boa Viagem, a saída
106. Vista de São Paulo e o MASP, 2001
107. Audálio Dantas, curador de "100 Anos"
108. Capa do catálogo, "100 Anos de Cordel"
109. O Ícone da Exposição, "O Pavão Misterioso"
110. Foto do mestre Leandro Gomes de Barros
111. Foto de Cuíca de Santo Amaro e Rodolfo Coelho Cavalcante

Prefácio

Como prometido, aqui começo o Volume III de aventuras de um pesquisador "gringo" ingênuo no Brasil. É talvez o último na série "Estórias que Contei aos Estudantes" e pretende levar ao presente uma vida vivida de pesquisa, escritura, vida profissional, o ensino de língua portuguesa brasileira e cultura brasileira, e o turismo no Brasil em uma carreira de 43 anos. O livro será a continuação do namoro, da paixão e vocação dos anos adultos de minha vida, professor de espanhol, português e estudos latino-americanos na "Arizona State University" em Tempe, Arizona. Acho bom rever um pouco o conceito da Série.

Volume I, "Peripécias de um Pesquisador 'Gringo' no Brasil nos Anos 1960" (a versão em inglês "Adventures of a 'Gringo' Researcher in Brazil in the 1960s") tratou o primeiro encontro com o Brasil, o estágio de um ano através de uma Bolsa de Estudo da "Fulbright" para fazer a pesquisa para a tese doutoral sobre a literatura popular em verso ("a literatura de cordel") e sua relação para com a literatura erudita brasileira. O Curran jovem e novato experimenta o grande Brasil pela primeira vez e aí começa o namoro com o país e seu povo. O livro conta da pesquisa e vivência no Recife, no interior do Nordeste, na Bahia, no Rio de Janeiro, o percurso do Rio São Francisco em Minas e Bahia, e ao fim em Belém do Pará e Manaus. Através de dicas e conselhos de Ariano Suassuna, Luís da Câmara Cascudo, Manuel Cavalcanti Proença, Sebastião Nunes Batista e outros e uma boa coleção dos folhetos e romances da literatura popular em verso, tomei os primeiros passos até o PH. D.

Volume II, "Aconteceu no Brasil - Crônicas de um Pesquisador Norte-Americano no Brasil II" (versão em inglês "It Happened in Brazil – Chronicle of a North American Researcher in Brazil II") continua os vários estágios no Brasil, Curran já professor na Arizona State University – a pesquisa do cordel, contato com pesquisadores e escritores da literatura erudita brasileira, tempo com os poetas e editores da literatura de cordel, belos momentos em congressos literários e comemorações literárias no Brasil (incluindo "50 Anos de Literatura de Jorge Amado"), a labuta de publicar as obras no Brasil, viagens de prêmios e momentos de turismo com a esposa Keah. Nesse volume a forma é mais parecida àquela da "crônica literária" no Brasil.

Agora em Volume III trarei ao dia os momentos no Brasil. Esta fase marca o fim de viagens de pesquisa mais longas ao Brasil. Agora serão viagens breves por vários motivos, mesmo com a coletânea de folhetos novos. Terá muito mais o caráter de simples "diário de viagens." Haverá ênfase na participação de congressos no Brasil, a leitura de trabalhos acadêmicos e mais importante a convivência com poetas, professores e pesquisadores da literatura brasileira, literatura nordestina e literatura popular em verso. Tal será a descrição de congressos no Recife em 1988, em João Pessoa em 1989, no Congresso da BRASA no Recife em 2000 (com um belo reencontro com o mentor Ariano Suassuna). Bonito foi o estágio em Salvador em 1991 para o lançamento do meu livro "Cuíca de Santo Amaro – Poeta Repórter da Bahia" na Fundação Casa de Jorge Amado. Outro foi o momento inesquecível com Átila de Almeida em Campina Grande.

Algo de novo nesta fase final de pesquisa, escritura e vida profissional serão os momentos passados na cidade de São Paulo (cenário novo na carreira profissional). Um momento especial será a participação em um evento único: "100 Anos de Cordel" patrocinado por SESC-POMPEIA em São Paulo em 2001 aonde cheguei a conhecer poetas importantes de cordel que não conhecera antes e renovar amizades com poetas já conhecidos, e o encontro com Joseph Luyten depois de décadas de correspondência e ainda mais – a convivência e amizade com Audálio Dantas, grande amigo e um dos meus brasileiros "prediletos".

E houve a labuta de publicar obras importantes na carreira, incluindo momentos com Sérgio Miceli, Presidente da EDUSP e a publicação de "História do Brasil em Cordel," e com o grande editor Plínio Martins quem vai editar talvez a obra "cúmulo" da carreira no Ateliê Editorial em São Paulo, "Retrato do Brasil em Cordel". Haverá nesses dias novas amizades em São Paulo e turismo inesquecível aí e depois nas Cataratas de Iguaçu.

Momentos adicionais em São Paulo serão a amizade com Michael Grossman, meu "cicerone" com o "mundo nordestino" de São Paulo e a convivência com Téo Azevedo no Rádio Atual de São Paulo e o "meio" nordestino dos centros culturais nordestinos, e não menos importante, a amizade com Assis □ngelo o verdadeiro chefe da divulgação da cultura nordestina em São Paulo. E não há de esquecer-se de amizades com Abigail e Zé Rubens que me hospedaram na metrópole paulistana em 2002.

O último congresso profissional foi em João Pessoa em 2005 com uma bela feira de cordel aonde também cheguei a conhecer "vultos" do cordel até aquele momento não conhecidos: José Costa Leite, José Alves Sobrinho, e o mestre jovem Marcelo Soares. Havia pesquisadores novos, principalmente as vozes femininas de pesquisa como Rosilene Melo e Ivone Maia. E houve o último contato com Neuma Fechine Borges, colega havia tempo de pesquisa no Brasil.

E salpicado entre os eventos e anos serão belos momentos pessoais – grandes encontros com um ex-estudante da ASU, o formidável Roberto Previdi Froelich no Rio, e reencontros com velhos amigos como Henrique e Cristina Kerti, Carlos Cunha, Edilene Matos, e Mário e Laís Barros em Salvador, e outros. Há muitas notas de viagem e encontros com estes amigos, notas sobre suas famílias e nossos encontros e fotos deles. Foram *eles* que "salvaram a minha vida" socialmente através os anos (viajei quase sempre sozinho no Brasil). Cada um terá seus momentos. E, não há de esquecer os mesmos e outros em Volumes I e II. O leitor notará também os momentos de solidão e tristeza em certas viagens, o que havia quando não estive com os amigos já indicados.

Sendo algo "romântico" nesses anos finais de convivência no Brasil, bastante nostálgico, fiz mais de um "tour" de adeus ao meu querido Brasil, lembrando momentos felizes, tristes, e às vezes difíceis. Contarei tudo isso. E como Volume I e II, quando apropriado, comentarei o momento econômico, político e social da era.

Talvez uma nota curiosa ainda necessária: o leitor notará as minhas notas repetidas sobre o serviço e as comidas nos voos ao Brasil (neste volume de 1988 a 2005, mas, na série total, de 1966 a 2005). Estas normalmente introduzem os pequenos capítulos. Para o viajante "jet set" será pouca coisa nenhuma mas para mim, viajante ocasional, e certamente para as pessoas que leiam este livro e não tenham oportunidades iguais, talvez interessante. Vai-se ver a evolução do viajar de classe turística através de quatro décadas de anos. Já comentei que devido primeiro a um gosto muito simples de comida (herança da juventude na roça em Kansas talvez) ou ainda o estômago frágil que tenho o azar de ter, nunca investiguei "fine cuisine" ou "gourmet food" em restaurantes finos em todos aqueles anos no Brasil. Perda minha, uma dimensão importante do Brasil ausente nestes livros.

E o leitor notará através os três volumes de viagens que frequentemente comento sobre os preços das refeições, em cruzeiros, cruzeiros novos, cruzados, reais e dólar. Desculpe-me, mas, salve uma ou duas ocasiões através aqueles 43 anos, andei de orçamento muito modesto, até pequeno, levando em conta que era "gringo" no Brasil. São notas "menores", mas cabem na narração.

Nunca sonhei, naqueles momentos finais de 2005, que voltasse ao Brasil anos depois, mas agora com vestimenta ou farda totalmente diferente – aquela de "staff" para as viagens "Lindblad-National Geographic Society" no navio "National Geographic Explorer" em 2013 e 2014 e daqui a pouco em 2016. Aí, com um propósito totalmente diferente e um cenário também novo, cheguei a conhecer partes do Brasil nunca sonhadas, entre elas Fernando de Noronha e outros cenários principalmente ao sul do Rio ate o limite com o Uruguai.

Possivelmente haverá, espero, mais viagens e momentos a contar. Se Deus quiser, o namoro desses quase 50 anos com o Brasil e os Brasileiros não terá chegado ao fim.

CAPÍTULO I

VIAGEM AO BRASIL, 1988. CONVIDADO AO CONGRESSO DE LITERATURA NORDESTINA NO RECIFE

Motivo

O congresso tem como propósito lembrar o famoso "Congresso do Regionalismo Nordestino" de 1926 do mestre Gilberto Freyre.

O voo

O voo foi sem problemas de Phoenix a Los Angeles, uma espera de 25 minutos pelas malas, "shuttle" gratuito ao novo terminal internacional, este repleto de Asiáticos da Coreia, da China, e do Japão. Passei o tempo revisando artigos acadêmicos velhos meus (para estar ao dia para o congresso em Recife) com o bom almoço de sanduíches feitos pela esposa Keah. A Varig foi muito eficiente com o voo saindo na hora, um direto de Los Ângeles para o Rio, 11 horas de viagem. Viajávamos em um 747 e estive eu no andar de cima. Fiquei sentado ao lado de um agente de "viagens metafísicas". O papo foi muito breve.

O serviço foi aquele de sempre na Varig, melhor do que nas linhas do EUA, mas, não ao nível de antes de outras viagens na mesma Varig (o tratamento aquele foi imitação dos EUA ou o resultado inevitável do fluir do tempo?). A refeição foi um tanto misteriosa para mim, acho feita para os passageiros de Tóquio; havia uma espécie de ervilha oriental, bife, arroz com sabor diferente, frios e sobremesa. Houve um "scotch" da Varig que ajudou a passar do tempo. Acho que só cheguei a dormir uns 30 minutos durante o voo, cochilando um pouco, chegando exausto ao Rio. Esqueci – experimentei o pior café da manhã na vida na Varig – uma espécie de "salchicha" e ovos estranhos.

No Galeão e primeiros dias no Brasil

A visibilidade foi ruim chegando ao aeroporto - a poluição terrível misturada com a névoa. Troquei uns dólares na Varig, fiz a reserva para o Recife e peguei "frescão" ao Hotel Novo Mundo no Flamengo. O quarto ficava frente à baia com uma vista boa, mas, com um barulho horrível. Pensando com os botões, "É só para duas noites; posso aguenta-lo". Custou 34$ USD por noite pelo paralelo.

Copacabana na névoa e poluição

Como sempre, foi deprimente ver a zona norte ao chegar da Ilha do Governador, local do Galeão, a sujeira, etc. Ao chegar a Zona Sul tudo melhorou inclusive a minha atitude mental. Fiquei assombrado, como sempre, pelo tráfego e o barulho. Exausto, ainda me forcei a fazer os telefonemas necessários, finalmente conseguindo falar com o primeiro amigo brasileiro, colega de estudos na Rockhurst em Kansas City no princípio dos anos 1960, Henrique Kerti, que agora trabalha em Nova Friburgo, negócio de um frigorífico.

Peguei ônibus à Fundação Casa de Rui Barbosa onde conversei com o amigo Adriano da Gama Kury; Wilma a esposa está na França, Lorelai a filha acaba de se casar, o filho Adriano Jr. agora é especialista de biologia. Orgulhoso o pai – o filho acaba de descobrir um novo "aracnoide" (aranha) e está com um artigo em uma revista científica dos EUA. Adriano parece mais velho; esteve em Catalunha em 1986, também na Alemanha.

Adriano reporta que os tempos estão difíceis para pagar os novos impostos de renda do governo federal. Contou de colegas de momentos de pesquisa minha no passado: Marco Antônio Nedu está de volta à Casa, Maria Eduarda Lessa está na secção de literatura, e não há novidades de Sérgio Pachá. No porão da FCRB há 200 exemplares do meu livro sobre Rodolfo Coelho Cavalcante, isso porque não há nada de propaganda nem distribuição do livro (tudo pressagiado por Carlos Cunha na Bahia). As novas: o famoso pesquisador francês da Sorbonne Raymund Cantel morreu; a viúva tem seu acervo de cordel. Agora o acervo de Sebastião Nunes Batista está na Casa de Rui Barbosa.

Adriano falou que a Marly de Lençóis Paulista (o leitor do Volume II lembrará que era meu "cicerone" em 1985 quando Keah e eu fizemos a viagem ao interior do Estado de São Paulo à pequena cidade de Lençóis Paulista para conhecer e receber o prêmio bem modesto) deixou a Biblioteca em Lençóis, não quer nada a ver com ela nem o prêmio nem a publicação prometida do meu estudo sobre "Grande Sertão: Veredas" e a Literatura de Cordel". Homero sugere ir falar com Ivan Proença no Editorial José Olympio. Não aguento faze-lo; um dia escreverei uma carta.

Rio de Janeiro, um dia bom

Dormi como pedra na noite, acordando às 8 da manhã, isto apesar do barulho infernal em frente ao hotel. A sala de jantar, porém, está na parte de atrás, em frente a um parque mais calado (realmente é o parque do famoso Palácio do Catete, importante na história moderna do Brasil, lugar do suicídio de Getúlio Vargas em 1954), o café da manhã é bom e calmo – houve fatias de abacaxi, melão, pão francês ótimo, queijo, e um ótimo café com leite. Os clientes do hotel me parecem ser da classe média, quase todos brasileiros, muitos do mundo de negócios. Como disse, o grande salão tem vista do Parque do Catete com suas árvores grandes, velhas, e plantas tropicais, bonito.

Peguei um ônibus que foi devagarzinho à Ipanema, e caminhei na calçada da praia até a altura do Hotel César Parque antes de dar a volta. Logo fui ao Visconde de Pirajá para as compras, ao H. Sterns para ver o que tinham de arte folclórica (grande ironia, hein?). Tinham alguma coisa do nordeste, mas, os empregados não pareciam ter a ideia mínima do que vendiam.

Curran na livraria com o livro sobre A Presença de Rodolfo
Coelho Cavalcante na Moderna Literatura de Cordel

Logo fui a várias livrarias em Ipanema – a Diz Dão, à Siciliano e finalmente cheguei a ver exemplares do livro "A Presença de Rodolfo Coelho Cavalcante na Moderna Literatura de Cordel" por Mark J. Curran. Orgulhoso eu. Fiquei muito feliz a encontrar os livros mais recentes de Luís Fernando Veríssimo, autor que já utilizei muito nas aulas de ASU e inspiração para Volume II desta série.

O almoço foi um filet grande com verduras. Lá fora ou estava muito poluído ou havia muita névoa, não posso dizer. Mas, a temperatura foi ótima, talvez 26 graus C., uma brisa boa do mar.

Caipirinha no Othon, o Rio, 1988

Para matar saudades fui ao 30o andar do Othon, e depois ao terceiro andar para um drinque, uma caipirinha (ver a foto). O melhor foram as memórias de tempos antes - Keah e eu em 1985. Uma novidade – ouvi uns homens falando uma língua estranha, nunca ouvida por mim antes. Foi o Guarani – eram paraguaios que entretêm, cantando, no hotel. Nossa conversa foi em espanhol. Estavam vestidos em roupa regional folclórica, um pouco parecida à de Guatemala. Experiência nova.

Fiz compras, finalmente achando um bom presente para a filha Katie. (Nesta viagem, levava a pequena máquina fotográfica emprestada por ela dentro da pasta, nervoso a levar câmara à vista de ladrões em público!)

Peguei um ônibus ao Hotel Novo Mundo, e desde o salão vi o pôr de sol na Bahia da Guanabara, cargueiros de alto mar, barcos de pesca, a ponte aérea de Santos Dumont (pensando em "Orfeu Negro" ainda), e jogos de futebol na praia e no grande Parque de Flamengo no aterro. Havia quase 16 pistas de tráfego entre a praia e o Hotel. A vista desde o quarto do hotel valia a pena.

Tomei banho, esperando a chamada do velho amigo Henrique Kerti. Fiz notas sobre classes sociais e raça nos bairros do Rio, a TV no Rio, o Repórter Esso com o interlocutor velhinho, Xuxa e crianças.

O Rio - encontro com os Kerti

Henrique e Cristina Kerti no Rio, 1988

Mark e os Kerti no Rio, 1988

Fui apanhado no hotel por Henrique e fomos a sua casa para o jantar. No dia 16 (amanhã) Henrique terá aniversário, cumprindo 45 anos (eu estou com 47). Cristina é a esposa, a filha Letícia de 12 anos, linda menina. Moram numa grande avenida em frente da Lagoa; vê-se o Corcovado pela janela.

A mãe Penha, minha anfitriã de momentos em 1966 e 1967 ainda está viva; mora perto do Hotel Copacabana Palace (na Avenida Na. Senhora da Copacabana); mora com Cristiano, irmão de Henrique, casado em 1968 e divorciado em 1978. Henrique e Christina foram casados em 1970.

Christina estudou letras; sofreu um câncer da garganta dois anos atrás, mas, anda bem agora. Henrique já sofreu duas cirurgias abertas de coração em São Paulo. Nós dois, nos demos realmente bem. Ele é pouco intelectual; gosta de filmes, TV, lê pouco, mas gasta longas horas no trabalho, isso em Nova Iguaçu, "negócio de carne".

A firma da família, as "Lojas Americanas" foi vítima de um "stock takeover" de 35 por cento das ações; aí Henrique perdeu o posto, isso é, o emprego, mas, está aplicando o lucro da venda das ações de Lojas Americanas em investimentos. Diz que a família foi muito bem paga pelas suas ações. Falou que não precisa trabalhar, mas, o faz pelo orgulho e a família. Acredito.

Aparte: Engraçado – ele e Christina fizeram um "Encontro Matrimonial" numa casa de retiro dos Jesuítas, e ela o achou "uma lavagem cerebral". (O leitor talvez lembre que minha esposa Keah e eu estávamos muito ativos neste "Movimento" nos anos 1970.) Para participarem no encontro, tinha que ser formado por uma preparatória ou universidade Jesuíta. Henrique está furioso com os "Novos Jesuítas" progressistas, a Teologia da Libertação e as mudanças sociais. Procura um bom colégio para Letícia, mas agora duvida no Santo Ignácio dos Jesuítas. Quer que ela saiba inglês e computadores. Parecia-me um tanto "inocente" em quanto aos computadores. Tem memórias belas de nossa universidade em Kansas City, Missoui, a Rockhurst, do meu mestre de espanhol Vernon Long, e colegas de estudo Bryan Butler, Rafael Garófalo e Eduardo Matheu.

Como muitos outros Brasileiros, a família Kerti foi para Orlando e Disneylândia e Epcott em 1984 e ele ali foi assaltado. Perdeu dólares em cheques de viagem, e os passaportes (valendo dez a quinze mil dólares no mercado negro). Aconteceu tudo em um "shopping" de Orlando. Falo de tudo isso, e a ironia, por escrever tantas vezes através os anos do ambiente de medo de assalto no Brasil e os cuidados meus a evitar tal coisa. Mesmo assim, Henrique falou que foi uma viagem "incrível".

Henrique é muito pro-EUA, muito anticomunista; diz que quase saiu do Rio para morar em Lisboa, isso com o lucro dos investimentos da família, mas, agora não será possível.

Passamos uma noite bem agradável, aperitivos, cerveja, jantar de bife, cenoura, e arroz. Deixaram-me no hotel às 3 da manhã! Dormi só às quatro depois de fazer as malas, tomar banho, etc.

Os Kerti adoraram as fotos que mostrei de Colorado. Têm um sítio fora de Petrópolis, mas nunca vão. Dizem que só dá dor de cabeça, daí, ignoram o lugar. Chegando ao hotel as 3 da madrugada; na outra manhã pensei que fosse morrer (falta de dormir, ressaca, ou os dois?)

Outro dia, o "check out" no Rio e o voo para o Recife

Depois de um "check out" muito devagar do Novo Mundo peguei um táxi bem adiantado da hora para chegar ao Galeão. O voo para o Recife estava lotado com um time de futebol a bordo. Havia nuvens e chuva na madrugada. Dizem que o inverno chegou tarde este ano.

O quarto da Pousada São Francisco em Olinda: Brahma, J. Borges e livros

No Recife esperaram-me no aeroporto Abuendia e Professor Ormir e me levaram pelo periférico (tudo diferente agora em Pernambuco) à Olinda e à Pousada São Francisco, hotelzinho modesto, porém bonito, um quarteirão da praia. Gosto do ambiente do lugar. O pessoal que me trouxe sabe de Tiago e Marcus Amorim (artistas do ateliê em Olinda onde fiquei hospedado por duas semanas na primeira viagem ao Brasil nos 1960). Amanhã caminharei por Olinda, matando saudades. Parece-me quente com muita humidade, porém, o mar é lindíssimo. Estou muito feliz estar hospedado em Olinda; a UFEPE fica 18 quilômetros daqui por ônibus. O programa parece muito "pesado". Veremos.

Pois, chegamos ao hotel e conheci Ormir, o chefe do congresso, ex-padre beneditino, chefe do Departamento de Letras da UFEPE há dois anos. Perito de Guimarães Rosa e a religião. Porque recebi convite e estou aqui? Foi a Neuma Fechine Borges (UCLA 1970, coordenadora da Biblioteca de Pesquisa da Poesia Popular da UFEPB) que se lembrou de seus amigos! Disse-lhe que minha comunicação teria que ver com Ariano Suassuna – ele vai ser honrado no congresso. Conheci Professora ⊐ngela da Universidade de Salsburg na Áustria; ela compara os romanceiros de Portugal e do Brasil; é sua primeira vez no Brasil (falar disso, é minha 10a. viagem ao Brasil).

Um Aparte: Jantei no hotelzinho, batendo papo com Luís Antônio, rapaz do interior de São Paulo. Rapaz preto retinto, 35 anos, casado, três filhos, está numa estada de treinamento para uma fábrica de roupas. Tivemos um papo longo sobre a raça no Brasil, suas lutas e seus sucessos, os modelos pretos dele nos EUA (Martin Luther King), e seu amor pelo basquete dos EUA, e Magic Johnson. Nasceu e morou 15 anos numa cidade pequena a 50 kilômetros de Lençóis Paulista! Havia uma relação de 99-1, brancos a pretos na sua escola. Acabou o ginásio de noite, trabalhando tempo integral desde a idade de 22 anos; e agora está com treze anos na companhia. Coisa nunca ouvida - ele, preto, estando NESTE HOTEL! Diz que ficará no hotel o resto do ano, e daí trará a família. Queria uma carreira militar, mas, não pôde fazer mais do que "sargento". Riu da "falta de prejuízo de raça" no Brasil.

O Recife, outro dia, encontro com Flávio Veloso

Acordei as nove, tomei café com a professora ☐ngela – abacaxi, suco, queijo, bolo, café com leite, presunto.

Logo houve um passeio com o velho amigo dos anos 1960 no Recife, Flávio Veloso, e a agora esposa Alice, à praia ao norte de Olinda, e com a filha Mirtes, à casa de praia dos pais da Alice, Jorge e Mirtes Guimarães, perto da Praia de Maria Farinha e a praia de Itamaracá. O papo foi bom, igual ao almoço – casquinha de siri, peixe agulha, cerveja, peixe de coco, lasanha, feijão, arroz, salada de legumes, frutas (sempre abacaxi) e torta de chocolate. O pai Jorge tem um barco e gosta de pescar agulha de noite.

É a época mais atarefada do ano para Flávio, a safra da cana começa. "É uma loucura," diz. É contratado por várias usinas a cuidar da maquinária eletrônica. Quando ele trabalha, Alice vai para a casa dos pais na cidade. Ele fica na fazenda até resolver o problema, às vezes, a noite inteira. (Aparte: o hotel inteiro aqui é decorado com xilogravuras de J. Borges, inclusive em todos os quartos de dormir e a sala de jantar! O leitor lembrará que a capa do meu primeiro livro, xilogravura representando o milagre de Padre Cícero na missa, foi feita por Borges, isso em 1973. Anos depois virou famoso em todo o Brasil e o exterior pela sua arte).

Foi quase impossível para eu pegar o português do Flávio (foi difícil anos antes também), problema de ouvido meu. Dr. Pedro, almirante aposentado e médico, o pai de Flávio, ainda escreve. Sérgio o irmão tem o próprio consultório. Marcelo o caçula é engenheiro em Chile com uma firma francesa, questão de exploração de petróleo.

Curran na rede depois da praia, Recife

Gostei muito da família da Alice; ela estuda inglês. A lua de mel foi de um mês, em Miami, New Orleans, e as Bahamas. Fizemos uma caminhada na praia, o inverno ainda rege; há chuvas, a água suja, a não ser se fores longe da praia, mas a temperatura foi ótima, quente! Fizeram questão de eu depois vir para lá, sua casa de verão, trazer a família, e ter até a cozinheira, para as férias! Ra ra. Nunca aconteceu.

De volta ao hotel, dormindo mal, há muriçoca no quarto.

Primeira noite do congresso

Os acadêmicos, o Recife, o congresso

Neuma Fechine Borges e outros, o congresso

Houve a primeira reunião no hotel com o grupo – muita gente da Bahia e do Rio e de fora – Ronald Daus (Alemanha e o tema do cangaço), Fred Williams (Santa Barbara, o tema, Maranhão), e Angela (Salsburg, o tema o romanceiro europeu). E eu.

Os baianos estão reclamando ao Ormir a má organização do congresso; acho que ainda não há grandes amores entre os dois estados, i.e. Pernambuco e Bahia. Foi difícil compreender a falta de cortesia na parte dos baianos.

A amiga e anfitriã dos dias em Salvador, Edilene Matos, está aqui; sua palestra será sobre Jorge Amado e a Literatura de Cordel (não houve problema, foi um esboço rápido, não tirando nada de estudos meus anteriores). Deu-me um exemplar de seu livro novo, para a tese de mestrado, "O Imaginário no Cordel". Trata quatro folhetos e teoria crítica literária. Carlos Cunha ainda está na Academia de Letras da Bahia e uma nova filial do Instituto Joaquin Nabuco em Salvador. Agora com o mestrado, Edilene leciona na Universidade Católica da Bahia, na Fundação Pedro Calmon e ainda na Fundação Cultural do Estado da Bahia. Com a mudança de governo, tudo está de cabeça para baixo. A Fundação Cultural do Estado da Bahia agora tem menos verba e prestígio. E agora existe a Fundação Jorge Amado com Myriam Fraga a diretora; tem verba.

O próximo dia no congresso

Iº CONGRESSO INTERNACIONAL DE LITERATURA NORDESTINA
Departamento de letras e mestrado em letras e linguística - UFPE
Realizado de 12 a 16 de setembro de 1988 · RECIFE · PE

Foto oficial do congresso, Recife 1988

Todos nós pegamos ônibus ao congresso e levou muito tempo pela periférica chegar à Cidade Universitária. O protocolo foi o seguinte: o formal "chamada à mesa", fotos pelos jornais, o primeiro discurso por Maximiano Campos, agora o Secretário de Cultura e Turismo de Pernambuco, "meio barroco," mas com uma louvação agradável para a convidada principal, a famosa escritora dos "romancistas de 30", Raquel de Queiróz.

Tive conversas com Raquel. Foi ótima comigo. Conversamos de Leonardo Mota, o Cego Aderaldo, Luís da Câmara Cascudo ("Cascudinho"), Ariano Suassuna e Graciliano Ramos, realmente os "vultos" da cultura nordestina na minha era de estudos preparatórios na pós-graduação. Convidou-me visitá-la onde mora em Leblon. Tenho que pegar seu livro "Lampião". Engraçada, fez-me pensar no sentido de personalidade um pouco da vovó Nannie em Arkansas, mas, claro, uma pessoa do mundo de "cultura brasileira" i.e. Literatura. Foi ótima no congresso, a estrela de tudo, uma pessoa cheia de humor e com bom sentido comum.

Domingo

Houve jantar na praia com Flávio e Alice. Comemos pitu ("camarão de água doce", coincidentemente a marca da cachaça famosa de Pernambuco) e lagosta com molho, só isso! Barulhento o lugar, quase que não pude compreender o português de Flávio. Há novas dele: tem casa na praia, mas havia erosão, ele com desgosto. Trabalha de Alagoas à Paraíba. Parecem felizes.

O congresso, "pensando com os botões"

Gostei bastante da ▢ngela de Salsburg, pessoa de alta qualidade. Ronald Daus e a mulher admitem que estejam aqui para o turismo (querem ver o Pantanal). O livro sobre o cangaço foi a tese dele, mas, já faz tempo; nunca voltou a trabalhar com isso; faz administração em Berlim.

Gostei muito de Neroaldo Pontes de Azevedo, professor de literatura da UFPB, especialista do Modernismo e o Movimento do Regionalismo do Nordeste, "nada de bobagem".

Conheci um nome já familiar, o Professor Luís Tavares da Universidade Federal de Ceará; incrível – existe uma cadeira de cordel na universidade (mostra em 1988 como o prestígio do cordel ganhara espaço nesses anos). Ele agora é Vice-Reitor da Universidade! Deu-me seu livro sobre cordel. Estou conhecendo gente que há tempo precisava conhecer. Mas, gostava de conhecer mais o pessoal de Pernambuco.

Segunda noite no congresso, o encontro com Hélio Coelho

Fui à casa do velho amigo e cicerone em Pernambuco nos anos 1960, Hélio Coelho, um velho sobrado de Olinda, completamente "restaurado". Cheia de arte, pintura, e folclore pernambucano. Pensei com os botões – realmente, tudo que sei da cultura nordestina deveria ser compartilhado. Mas, como?

Hélio tem o PH.D. em física nuclear. Faz viagens a Arizona, Canadá, Europa, e Japão. Vai oito vezes ao ano a São Paulo; é diretor do departamento de física – "Theoretical Nuclear Physics", da UFEPE. Vai de vez em quando a ver Aldemir (seu irmão no Arizona, agora um médico aposentado). Assim é a casa – fica em uma das ladeiras de Olinda, sobrado antigo, lindo, com azulejos, quintal com árvores lindas, árvores de frutas do Nordeste, piscina; a vista dá para Recife (de longe). E o melhor – tudo é calado, ótimo para trabalhar. Tem casa na praia de Gaibú (Hélio foi parte da turma brasileira -"norte-americana" em um passeio à praia em 1966!) O papo foi bom, mas muito sério,"all business". Hélio parecia - me um pouco fechado, levando em conta a amizade dos 60.

Da casa andamos em cima no morro ao terreiro de Xangô de Pai Edú. Era totalmente diferente de 1966. O pai, perdoe, me parecia muito "cheio de si", vestido tudo em vermelho, como cigano, isso porque foi "noite de cigana" no ritual, com champanha, cantos pelo microfone, e nada de atabaque. (Um Aparte: o intelectual, escritor e professor Ildásio Tavares em Salvador é ogan no "candomblé mais puro da Bahia" segundo ele). Ficamos só meia hora no xangô que gostei tanto em 1966, um pouco incômodo eu. Mas, vimos bailes e cantos.

Terça feira, outros momentos e o encontro com Raquel de Queiróz e a noite festiva com os congressistas

Fiquei no hotel fazendo reservas, etc. para Salvador na sexta, escrevendo estas notas e revisando a palestra. Pegarei ônibus na tarde para a Cidade Universitária para a sessão. Quase que não aguento as palestras. Mas, andei totalmente ocupado desde o domingo.

Na tarde. Foi como os tempos velhos dos 60. Fui ao centro de Recife, pegando ônibus em Olinda, um "pinga-pinga", cheio de moleques "morcegos"; havia chuva, suor, e a multidão até o centro. Almoçei no Lai-Lai (prato do dia com pessoal da classe burocrática do Recife, comida chinesa, papo com umas moças do meio). Andei à Casa de Cultura na velha penitenciária – Antônio Silvino foi preso ali! (ver a história). Havia muitas tendas em três andares; tendas nas antigas células da penitenciária, bonecos de barro, jogos de xadrez, mapas de couro, bugigangas. Consegui comprar cinco folhetos só.

De volta ao hotel. Houve papo com a □ngela, os Daus (a mulher é loura da Alemanha, cabelo cumprido, e um tanto sexy.)

Aí fui ao Mercado São José, na antiga barraca de cordel de Edson Pinto. Havia uma multidão de gente no Mercado; isto é o "outro Brasil". O mercado em si está em obras, uma bagunça. A praça tem uma cerca de madeira cercando tudo. Volta ao hotel, ao papo em cima.

Curran com a famosa Raquel de Queiróz, Recife, o congresso, 1988

Havia várias conversas com Raquel de Queiróz no hotel e no ônibus ao congresso; ajudei-a a subir e descer do ônibus (já é velhinha). Foi fina comigo, simpática. Ótima. Tenho que ler "Dora, Doralina" sua estória do Rio São Francisco e os gaiolos.

Na noite, muita gente do congresso foi ao restaurante "Rei da Agulha" em Olinda, e, foi uma noite louca! Houve papo com Esman da UFEPE, encarregado de intercâmbio de estudantes estrangeiros na UFEPE; parece um "hippy" dos 60. Papo com Luís Tavares, vice-reitor e cadeira de cordel na UFECE; nós demos bem. Papo com Antônio Beckman da UFE de Maranhão, começando a cadeira de cordel aí.

Tudo foi um "show" no restaurante – os baianos e os cariocas! Cerveja, camarão com alho, lagostinha, 4000 cr. Foi uma noite longa, de repentes (de Ildásio Tavares e Pedro Lyra da UFERJ.) Pude perceber pouco, mas, tentei. Estavam presentes a Dora, Elizabeth, Maria Conceição, Edilene, e Ívia – a turma de professoras da Bahia.

Quando trabalhando, fazem um trabalho sério. O Ildásio é incrível; foi da esquerda nos 60, 70. Poeta, cadeira de Literatura Portuguesa, mas, conhece muito bem a Literatura Norte-americana. Gosta de se mostrar nos congressos. Vulgar, humor ferino (do epigrama da Bahia). Como falei, improvisou versos a noite inteira com Pedro Lyra da Universidade Federal do Rio de Janeiro.

Posso dizer que já conheço bem a rotina dos congressos acadêmicos no Brasil, o comportamento, etc. O de 1973 foi realmente mais internacional, mais de Portugal, mais sério, menos do ambiente nacional por dentro das universidades no Brasil.

Ildásio Tavares falou muito comigo. Em poucas palavras contou muito escândalo da vida intelectual na Bahia. Fim de contas: é incrível a política, o ódio, e os problemas na vida intelectual na Bahia, diretamente das páginas de "Tenda dos Milagres" de Jorge Amado.

Quinta-feira no congresso – um dia incrível

Ariano Suassuna e sua arte

A primeira palestra foi uma história do teatro em Pernambuco de 1945-85 por um professor sério. Foi seguida por um "show" incrível de duas horas com a "volta" de Ariano Suassuna. Está celebrando sua primeira peça dramática nova em 25 anos, e "a volta à vida pública e o escrever". Estava até agora temporariamente fora das aulas. Foi um delírio na plateia com uma cena emocional com Raquel de Queiróz e grandes abraços. Aí, Ariando deu uma palestra séria sobre o teatro do Nordeste, como combina o melhor das tradições da Europa e do Nordeste: cordel e "commedia dell'arte".

Suassuna, um mestre da anedota, de contar casos, falou de Nascimento Grande, tipo popular do velho Recife da época de Leandro Gomes de Barros, das dores de cabeça da burocracia na universidade, e da vida quando jovem em Taperoá. Foi um caso extraordinário – a primeira vez que realmente vi o "negócio" criado por Ariano "nas aulas espetáculo" tão famosas. Falou da cultura do sertão e da Europa e do Movimento Armorial. (Aparte – eu tinha lhe dado meu livro sobre "A Presença de Rodolfo Coelho Cavalcante e a Moderna Literatura de Cordel" editado na Nova Fronteira no Rio, e enquanto falava, acenava com ele na mão. Muito generoso comigo.) A plateia em pé, "louvação em pé", gritos, aplauso, riso.

A grande equivocação

Ai de mim. Porque pedi um tempo mais cedo, colocaram-me diretamente depois da palestra de Ariano, em uma espécie de uma sessão de painel (em vez de palestra e debate). Para mim mesmo, minha apresentação parecia formal demais. Tentei contar umas anedotas – não saiu muito bem. A palestra sobre Jorge Amado foi só "okay", mas, nada do que sou capaz de fazer. Em fim, um pouco chato. Pode imaginar o cenário - seguindo Ariano Suassuna! Não preciso dizer mais.

Encontro com Liêdo Maranhão

Liêdo Maranhão, folclorista e escritor, e o autor, Recife

Na tarde fui à casa de Liêdo Maranhão em Olinda. Ele é um verdadeiro folclorista e já captou muito do folclore recifense. Tinha fotos incríveis dos poetas do nordeste desde 1971 – uma de Rodolfo Coelho Cavalcante, Minelvino Francisco Silva, João José da Silva, José Costa Leite, Zé Bernardo, e J. Borges - a ocasião foi um casamento e todos eles vestidos a rigor! (Essas fotos desapareceram; aonde foram que sei eu.)

Liêdo tem talvez uma meia dúzia dos folhetos antigos de Leandro Gomes de Barros, mais de 300 xilogravuras, e mais de vinte anos de notas, escritas a mão, sobre o folclore e o cordel. Pediu ajuda financeira minha para uma ideia – "O Museu do Povo" a ser colocado perto do Mercado de São José. Tem livro novo – "O Sexo nas Palavras do Povo"! Ajuda os poetas de bancada e de repente com verba para dentistas, médicos, o único aqui que faz isso. Mas, também era bastante cheio de si, um tanto arrogante (talvez mereça, acho que sim). Brigou com o Instituto Joaquim Nabuco. Toda a biblioteca está em um salão com mofa atrás na casa. Não prometi nada – como fazer o contrário, eu, sem recursos?

Na noite

Os congressistas foram à estreia da nova peça de Ariano Suassuna, eu com os Daus. Ronald contou que recusou uma oferta da UCLA por cem mil dólares anuais. Tudo é possível para ele na Alemanha; viaja o mundo. Casou por primeira vez no Rio com 21 anos; 3 crianças. Úrsula é a segunda; dirige uma revista literária em Berlim! Ele agora é especialista de literatura do terceiro mundo; vai muito ao Japão, mas, eram muito bons comigo, inclusive, compartilhando um jantar. Pois, vimos a estreia da peça de Ariano – com técnicas de identidade equivocada, roupas armoriais, e música nordestina. Foi um momento de muita emoção com a presença de Ariano. Plateia lotada.

Conclusões Recife 1988

Levando em conta umas palestras aborrecidas, uns "prima donas" do mundo intelectual, e os comentários negativos de Ildálsio Tavares, foi divertido. O hotel era ótimo, e fiz todos os contatos pessoais planejados. Bom para o "ego", senti-me apreciado e querido pelos brasileiros pelo trabalho longo através os anos. Para lembrar, ver o programa do Congresso; havia 400-500 pessoas presentes cada dia! Pedindo autógrafos! Outro mundo! (Imagine isso em congressos nos EUA ou em Tempe!) Um barato. O Nordeste ainda parece "provincial", ainda na "sua" da época e fama de Gilberto Freyre, etc. Lembro-me da palestra de Roberto Motta sobre o pai. É que amam as homenagens, os debates, o toque pessoal, uma boa lição de civilização brasileira! (Alguém no congresso, de passagem, falou que prefere o pobre sertanejo e a luta com Lampião à merda e corrupção dos corruptos políticos atuais, "pistoleiros de colarinho" de hoje em dia; o comentário foi recebido com aplauso louco pela plateia no congresso.)

Um Aparte Interessante: O alemão Daus pensa que basicamente nem o Brasil nem os nordestinos mudaram nada desde os 1960. Compartilho o pensamento, mas só até certo ponto.

Saída do Recife, escala na Bahia depois do congresso

No aeroporto do Recife vi um sacerdote velhinho caminhando pelo lugar; não totalmente certo, perguntei "O senhor é Dom Hêlder Câmara"? Respondeu, "Não, sou o irmão dele". Pois, era Dom Hêlder. Anos atrás, vi-o desde o auditório do Congresso Eucarístico em Filadélfia em 1976 quando, junto com a Madre Teresa da Índia, recebeu homenagem. Pois, um prazer e um privilégio! Será lembrado como o "bispo vermelho" do Conselho Nacional de Bispos Brasileiros, a teologia da libertação, e seu lema: "A maior violência é a fome".

Comprei uma garrafa da "Pitu" que gostamos durante anos em Tempe. Avião pinga-pinga a Salvador, "frescão" pela orla ao Hotel Bahia do Sol.

Conversei com o velho amigo e cicerone do folclore baiano Carlos Cunha pelo telefone: fez muitas notas nos jornais locais sobre o livro meu sobre Rodolfo Coelho Cavalcante em 1987 (lembre que não fui ao Brasil, nem houve lançamento). Aconselhou-me editar o meu livro sobre Cuíca de Santo Amaro em Salvador. A usual "língua de prata". Por enquanto, decidi deixar o manuscrito de Cuíca na Fundação Cultural do Estado da Bahia.

Jantar sozinho em "La Pérgola" perto do hotel: bife, fritas, tomate, cebola, cerveja, US 4.50.

Sábado, 17 de setembro

Um bom café no hotel – abacaxi. □nibus Barra ao Porto da Barra a fazer compras no Instituto Mauá Shopping (os azulejos das Baianas). Quando cheguei ainda não estava aberta; passei o tempo observando a vida na praia da Barra, ainda uma favorita minha – o pessoal jogando "handball e badmitten"; moleques com carrinho de rodas trazendo equipamento de praia, gente fazendo exercício ou Cooper na praia, e muito fio dental! Água clara, ondas não fortes, e vários pequenos barcos de pesca. Mas, a pobreza era muito evidente – pivetes dormindo em cima da parada de ônibus (na forma de uma "U" de concreto), acordando e "mijando" ai mesmo. Mendigos. Tudo em um estado de abandono. Conclusão – a praia, o mar, lindos, o resto, abandono.

Carlos Cunha e Curran, Salvador, 1988

Encontro com Carlos Cunha na Fundação Cultural da Bahia; caminhada à cidade baixa, à Praça Cairu; o Mercado Modelo parece o mesmo de sempre; Camaféu de Oxossi (personagem em vários livros de Jorge Amado) vendeu o restaurante do terceiro andar, mas, vê-se igual. Papo longo com Cunha sobre o cordel e o folclore na Bahia. Disse Cunha sobre o cenário local: Rodolfo Coelho Cavalcante foi atropelado, levado ao hospital com condições horríveis aí dentro; tiveram que buscar sangue "na rua", e ele morreu depois de uma tentativa de cirurgia. A Fundação pagou "um enterro de primeiro"; havia muitas notas nos jornais, elogio na TV, um especial na TV, e Jorge Calmon e outros "figurões" apareceram no enterro. Mas, agora o cordel em Salvador está "morto" com pouco movimento. O Núcleo de Pesquisa do Cordel ainda tem seu acervo, mas, pouca atividade. Edilene está com vários projetos, Jorge Amado, cordel na Bahia etc.

O jornalista Paulo Marconi nunca acabou seu livro sobre Cuíca de Santo Amaro. Disse Carlos Cunha que havia pouco interesse naqueles momentos em um livro sobre Cuíca. Custará muito fazer o meu livro; se eu não pagar, não sairá. Aí fala com franqueza – todos os escritores em Salvador pagam o custo do próprio livro, e, não há nenhum "stigma" porque é o único jeito, e todos entendem disso. A maior parte dos escritores imprime o próprio livro, "vanity press."

Um Mestre de Tipografia – Abílio de Jesus

Abílio de Jesus e a tipografia, Salvador

Abílio de Jesus trabalha para Cunha e fazem uns livros para o Instituto Joaquim Nabuco. Cunha fala que o estudo meu sobre Guimarães Rosa seria ótimo na Fundação Jorge Amado, que Myriam Fraga é "pessoa séria" (boa, profissional), e, JGR nunca foi editado em Salvador. Se não sair pela José Olympio, levarei em consideração.

Mais novidades do cordel.

O General Umberto Peregrino tem um novo livro sobre o cordel no Rio, também Veríssimo de Melo em RGN, mas, há pouco interesse na cultura popular e no folclore em geral. Guimarães Rosa é outra estória!

Carlos Cunha falou da "indústria de livros" em Salvador – não há nenhuma editora de peso, assim, o "free lancing", etc.. Imprimir localmente com a imprensa local. A de mais prestígio – a UFBA, mas, o autor paga!

O papo foi no restaurante do Mercado com vista linda do mar. Notas pessoais: os Cunha. Estão remodelando a casa; Carlos trabalha na filial da Fundação Joaquim Nabuco, na Fundação Cultural do Estado da Bahia e na Academia de Letras da Bahia. Não pode ganhar mais porque não tem título universitário. Edilene com título universitário ganha mais, mas, com um regime incrível de trabalho duro.

Reunião com os Barros em Itapuã

Mario, Laís Barros e família, Itapuã, 1988

Mark na praia de Itapuã

Tive uma visita ótima com eles; gostaram das fotos da Keah e Katie. Seus pais (os de Mário) são muito simpáticos; Carla agora com 13, parece-se a Laís, Eduardo com onze anos. Acabam de fazer uma viagem ao Disney-Epcott. Resultou mais barato do que viajar ao sul do próprio Brasil, isso em 1986.

Mário se queixa dos maus tempos econômicos, a firma luta para continuar. Mesmo assim, a vida na Bahia não parece tão mal – a praia está linda como nunca, mas, tem ladrões em frente da casa na praia perto do Hotel de 4 Rodas. Mário tem um inglês EXCELENTE. Ele viaja muito a São Paulo e Porto Alegre; a "holding company" está em Porto Alegre; representa uma variedade de firmas japonesas e americanas, equipamento agrícola pesada para construir estradas. Há 150 empregados em Salvador; 60-70 vendedores no interior. Mário está encarregado de Bahia e Sergipe, a parte financeira. Diz que gasta 70 por cento do tempo aplicando os fundos da firma em investimentos, para proteger o capital da firma. É pessimista em quanto ao futuro do Brasil, mas, é tarde demais para fazer uma mudança. Quer que os filhos tenham diploma de "high school" nos EUA, via AFS ou um simples intercâmbio. Acredita que as crianças possam escolher ou Canadá ou EUA (os tempos estão ruins no Brasil agora). A casa tem arame farpado, vidro quebrado na muralha, história de ladrões.

Imprevisto no aeroporto e o voo para o Rio

6:30 da manhã, o voo está demorando, depois foi cancelado. Mudei-me ao Transbrasil, o avião chega, mas a tripulação está com excesso de tempo voando; ficamos até a meia-noite esperando uma nova tripulação chegarem do Rio. É quase meia-noite quando saímos para o Rio, um alívio mesmo assim.

Chegada ao Rio. Um friozinho, chuva, névoa, mas podem ver os cargueiros entrando pelo alto mar. Volto a contar do voo: o "landing gear" tinha enguiçado em João Pessoa, e havia problemas com tripulação em Salvador, melhor tarde do que morto! Mas, a Varig foi ótima; ao chegar nós o Galeão estava vazio às 3 da manhã, mas, me esperavam; fizeram a reserva esta noite para Miami; deram "voucher" de rádio Táxi para o Othon; incluindo todas as refeições e a diária; mais, um telefonema de 3 minutos aos EUA. Mas, em Salvador, das 8 da noite até a meia-noite, os passageiros estavam zangados e havia muita confusão. Experiência nova; mas, agora, estou com confiança que tudo irá bem até a Miami.

O descanso no Othon, o "jeito" da Varig

Dormi mal (exausto demais para dormir bem), e acordando, fui a um bufê de café da manhã às nove da manhã; houve papo com uns Chilenos aqui para um seminário em Teresópolis; eles defendiam a disciplina militar em Chile (Pinochet) e o pagamento ao FMI; eles não podem acreditar a "confusão" econômica no Brasil. Pensando com os botões: com o clima atual no Brasil vou me converter em "pesquisador de gabinete" nos EUA.

No hotel, matando tempo, vendo na televisão as olimpíadas, o basquete brasileiro, o vôlei dos EUA e o Brasil. É a primeira vez que assisto a TV nesta viagem. Pensando: tenho que comer outra vez daqui a pouco, ir ao bar no terceiro (a caipirinha), e tirar uma sesta antes da próxima odisseia de voo.

O telefonema foi fácil (não estou acostumado), discar "0" no hotel, depois 001, depois o número no Arizona, discagem direta à casa. Foi bom ouvir as vozes da Keah e Katie, daqui a pouco estarei em casa.

O hotel está lotado de estrangeiros, falando espanhol, a verdade – gostei mais do Hotel modesto de Olinda, menos o bar do terceiro andar no Othon.

Gozei um bufê incrível no restaurante do Othon – fiquei com fatias de maminha de alcatre, arroz e feijão, tomate, e vinho; depois ao bar do terceiro – a vista com as gaivotas, a praia de Copacabana e o mar! Mas, era um dia de vento e chuva; o hotel lotado.

Preços de 1988 para os interessados: o quarto: 57.000 mais dez por cento: 62.700: $125 US. O bufê: 3,500, ou 8$.

Acordei e fiz o "check out" às 7 da noite (Varig pagou a conta!), Rádio Táxi ao Galeão (o homem é motorista e a esposa empregada para um Americano) Chuva no caminho.

Papo com a Luciana da Varig no aeroporto; ofereci escrever uma carta de recomendação pelo trabalho bom. Entrei na fila para as malas; ela veio, disse "fica ai"; 20 minutos depois me encontro no "Executive class". (Escreverei a carta). Escrevi o seguinte em inglês:

Serviço Varig Executivo (única vez na vida)

Slippers/ tote bag with toiletries/ magazines/ newspapers/ hot towels
Drinks, including champagne, peanuts
Cold plate: 2 jumbo shrimp, golden caviar, olives

Hot plate: delicious "bacalhau"; beef filet; rice served buffet style
Dessert: fruit, 3 kinds of European cheese, 2 pastries, cafezinho and Drambuie
All on fine china with pattern, gleaming silverware and "Varig" crystal.

Um tanto melhor do que a classe turística! Este serviço, sim, imagino que mudou um tiquinho de 1988 até 2009!

Embora me sentisse sozinho e perdesse um dia de viagem, as consequências foram interessantes (Othon, e a "Business Class"). O voo era de 8 horas a Miami, o choque da "viagem" limpa do "monorail" ao terminal, a alfândega e a mala que não precisava abrir. A bordo da "Eastern"; 4 horas e 53 minutos a Los ⌐ngeles, e o pequeno voo a Fênix. Em fim, um sucesso.

Conclusões, o Brasil 1988

Havia uma crise financeira terrível, o povão na rua, a classe média quase mergulhando no mar da miséria, perdendo cada dia (pensar na situação equivalente nos EUA em 2009). Uma mania ainda para a política; ambiente de corrupção, e uma atmosfera de medo, se o Brasil vai sobreviver. Não mentirei ou hesitarei em falar disso com os estudantes na ASU – têm que saber a verdade. O problema talvez seja grande ou complicado demais para resolver. O pessoal fala que as massas não podem se organizar; não há recursos nem para a revolução. Há brasileiros que pensem que o país vai direto para o caos e a apocalipse. Faz-me temer pelo próprio futuro nosso nos EUA, irônico em 2009. Sem dúvida, os EUA tem perdido prestígio internacional; o poder verdadeiro econômico parece haver passado a Japão, ao Oeste da Europa, uma época de muita mudança. Disse para os botões: a nossa fé e perseverança vão ser "provadas" no futuro. Estou equivocado? Espero que sim.

Quando faço contraste com estes últimos 10 dias no Brasil e a nossa vida nos EUA, é difícil acreditar. Vai me levar uns dias voltar à rotina nos EUA, descansar e "manter a linha". Um Aparte: Lembrando a economia brasileira: o $ agora é a base da economia brasileira; o mercado para os dólares (como o ouro) é a graxa da economia.

Fim

CAPÍTULO II

VIAGEM AO BRASIL 1989

Motivo

Esta vez fui convidado a João Pessoa pela colega Neuma Fechine Borges a participar em um simpósio sobre a literatura popular na Universidade Federal da Paraíba.

O voo e os primeiros momentos

Havia uma saída lagrimosa de Fênix, despedindo-me da Katie e Keah. Havia uma fila larga para o "check-in" da Varig em Los Angeles, uma hora, 40 minutos de espera. O voo foi de 13 horas, com uma hora de escala em Panamá. Bom papo com pessoal da Varig no voo.

O serviço na Varig esta vez foi ótimo, pelo menos em comparação ao da TWA ou outra linha dos EUA. Havia toalhas quentes para refrescar-se, cardápio em três línguas, filme, música, coquetéis, e refeição gostosa de filé. □s 3 horas de voo já em Panamá havia outra refeição, outro filé; e ainda outra refeição depois das 9 horas de voo depois de Panamá. E antes de chegar, café da manhã (só um suco, o gringo andou satisfeito). Compare com o voo de Tóquio de tempos antes!

Houve uma espera de uma hora e meia pela mala e deu um susto; acabou chegando em um outro voo depois. Tinha me preocupado com isso em Los Angeles, com tantos voos internacionais e a confusão.

Peguei "frescão" ao Hotel Novo Mundo, a cidade calma, devido a ser domingo de manhã; havia volantes de propaganda de eleição nas ruas. O quarto foi bonzinho com vista do mar, mas, também com barulho. Tomei banho rápido, e apesar de estar exausto, peguei transporte logo à Feira de São Cristóvão (por ser domingo e a única oportunidade na viagem). Impressão: foi deprimente, suja e com muita pobreza, mas ainda muito grande com muitas barracas de comidas, cerveja, e de forró, a música um estrondo.

Encontro com o poeta Gonçalo Ferreira da Silva e a Feira de São Cristóvão

O poeta de cordel Gonçalo Ferreira da Silva, o Rio, 1989

Vi a barraca de Expedito da Silva, o filho artista de xilogravura Everaldo, e logo a de Gonçalo Ferreira da Silva. Este acaba de organizar uma nova "Academia Brasileira da Literatura de Cordel" (ver depois a evolução da mesma, até na internet de 2009).

A feira: havia barracas vendendo roupa, churrasquinho, e dezenas de barracas de cerveja. É o domingo de manhã para o nordestino no Rio, isso em vez de praia na zona sul. Foi abominável o barulho, não deu nem para bater papo com Gonçalo. Mas, foi feliz a me ver. Ônibus e volta ao hotel; teria ficado mais tempo na feira, mas estava exausto da viagem.

Miscelânea do dia no Rio

Tomei banho e comi os restos de "snacks" do voo: maçã, biscoitos, chocolate e queijo da Varig. Já vestido de short, tênis e camiseta, tomei n. 154 a Ipanema e a Feira Hippie. Parecia gigantesca, maior do que antes. Foi ótima para objetos de couro, talhas de madeira (papagaios coloridos, grandes, pesados), joias de fantasia, e vidro colorido do mesmo rapaz de 1985. Procurei eu um mapa grande de couro de uma caravela. Perdi-o devido a não ter reais comigo; quando voltei do hotel com o dinheiro, já foi vendido; daí peguei um do grande veleiro o "Cutty Sark".

As ruas estavam bem lotadas de gente e carros, e notei mais gente pobre em Ipanema e na Copa. Os tempos estão mudando. Vi tanta coisa que queria comprar na Feira Hippy, e simplesmente, não foi possível, pela quantidade de dinheiro e pelo tamanho e impossibilidade de levar no avião.

Um lanche ótimo em uma barraca de suco de laranja.

Logo houve uma caminhada breve ao longo da Praia de Ipanema; a rua em frente da praia já está fechada ao trânsito no domingo; está agradável com bicicletistas igual ao Aterro em Flamengo. As praias e as calçadas se convertem em verdadeiros parques; já tem dois anos este programa de fechar-se ao trânsito. Havia gente na praia, mas não estava "lotada". Eu queria dar um mergulho, a temperatura dava para isso, mas, não foi possível. Havia propaganda em todas as partes para Lula e Covas, como um desfile; o ambiente foi divertido (igual aos discursos na TV que assisti aquela noite.)

Com fome, comi uma canja ótima, galinha, arroz, cenoura, 3$ US (e mais a cerveja). Boa refeição para um estômago frágil. Depois houve um café calmo em frente a feira de Ipanema, mas, estava sozinho!

A volta no ônibus via a Copacabana, como sempre, era como 1988. Não me senti fora do lugar com "short", sendo domingo e dia de praia. Desci do ônibus um pouco antes, para caminhar no Flamengo, estava bonito perto da praia, mas, já me senti um tanto incómodo no interior do bairro. O Novo Mundo está em obras, remodelando o "lobby", trazendo a computadorização, e daí o hotel sai mais caro!

Liguei para o amigo Henrique Kerti; verei-o na noite da terça, para o jantar, vísperas de eleição.

Amanhã - irei a Fundação Casa de Rui Barbosa. O Centro Nacional de folclore está em greve.

Bom café da manhã no Novo Mundo – suco de laranja, abacaxi, melão, pão, ovos "mexidos", bom café com leite. A diária no Hotel é US $32.

Ônibus errado a Botafogo; desci no ponto errado e tive que caminhar 15 minutos para chegar à Casa de Rui. "Conhecendo Botafogo". Faz sol e calor hoje.

O diretor do Centro de Pesquisa Homero Senna está de férias. Fui à biblioteca e tive acesso completo ao cordel. Houve uma busca frenética para pegar os melhores, vendo os originais de Leandro Gomes de Barros, frágeis demais a fazer cópia Xerox (mas tive notas dos mesmos escritos à mão em 1966-7!) Um Aparte: anos depois tudo será digitalizado por uma equipe na Casa de Rui chefiada por Ivone Maia. Neste caso eu separava os de história (foi a pesquisa para o livro de São Paulo em 1998) e uma senhora chegou, dizendo, "Professor tenho uma péssima notícia para o senhor. A FCRB ao meio dia vai entrar em greve!" Pois, pode imaginar minha reação – vir 4000 milhas para esta pesquisa e enfrentar uma greve! Tiveram pena de mim e me deixaram levar vários folhetos à rua para xerocar antes de meio-dia. Daí houve um almoço tenso, horrível, folheando rapidamente os folhetos e escolhendo os melhores, logo uma luta com o pessoal da máquina Xerox, mas, já pelas três horas da tarde, tive 15 a 20 folhetos excelentes para o estudo.

Na biblioteca de Orígenes Lessa e a anfitriã Maria Eduarda Lessa

Curran e a biblioteca de Orígenes Lessa na casa dele

Maria Eduarda Lessa me deixa ver a coleção de Orígenes, mas, não posso levar os folhetos para a rua a xerocar. Ai de novo. É como 1966 quando escrevi notas à mão. Mas, a pesquisa ainda pode ser feita (lembre que o Instituto Nacional de Folclore também está em greve.) Tudo saiu bem; Maria mudou de ideia e me deixou ir à rua. Resultado – folhetos importantes, bons, imprescindíveis para o livro futuro.

Outro dia, o bonde a Santa Teresa e na "Casa de São Saruê" com Umberto Peregrino e outros momentos

Foi um dia interessante a começar com um bom café de novo no hotel. Metrô ao Largo do Carioca, passando depois pelo prédio da Petrobrás (ao lado da catedral moderna). Aí peguei o velho bonde a Santa Teresa (o mesmo de "Orfeu Negro"!). Velho, muito usado, mas com uma vista incrível da Bahia da Guanabara. Não recomendo para os que têm medo de assalto. O pessoal a bordo, todos pretos, eu um "gato branco em campo de negritude", parafraseando Érico Veríssimo e seu "Gato Preto em Campo de Neve," relato de dias nos EUA nos anos 1940. Mas, foi um barato pegar os estribos e passar em cima de tudo sobre o aqueduto da Lapa.

Fui a Santa Teresa para conhecer, ao fim, o ex-General Umberto Peregrino morando em uma casa velha colonial com grande quintal que ele renomeou "A Casa de Cultura São

Saruê" (claro, uma homenagem ao poema famoso da literatura de cordel de Manoel Camilo dos Santos da Paraíba). É um centro particular de folclore brasileiro com pássaros tropicais e artesanato fino do Nordeste. Quando Umberto era jovem era estudante de Câmara Cascudo (meu mestre em Rio Grande do Norte em 1966), e estava no colégio militar com Manuel Cavalcanti Proença (meu primeiro orientador de estudos no Brasil no Rio em 1966). Muito simpático para comigo, e também era a esposa Artis. Tem a imprensa original do poeta-editor de cordel Dila de Caruaru, tudo do poeta iconoclasta do Rio Raimundo Santa Helena, e era Presidente do Instituto Nacional do Livro na década dos 60. Ao lado do museu tem uma casinha para hospedar poetas viajantes de cordel (Rodolfo Coelho Cavalcante vem muitas vezes, também Franklin Maxado). Falou de cordel e o Nordeste; ele edita folhetos para poetas locais, de alta qualidade, mas, poucos. Deixou-me consultar o acervo inteiro dele, e, peguei uns 30-40 e fiz notas sobre eles para o trabalho no futuro (sempre para o livro que ia sair em São Paulo em 1998). Falei com os botões – "Em outra ocasião traga a máquina fotográfica para tirar fotos de tudo no museu". Tem coleção boa em fitas da música nordestina.

O almoço foi folclórico; Umberto tinha arranjado um almoço no anexo da polícia no bairro. Se sobreviver, celebraremos – arroz, feijão, perna de galinha, cebola, mas, em condições terríveis. Falei com uns dos empregados (do Nordeste?), e entendi cada quinta palavra.

Na volta a "Casa São Saruê" havia dois cantadores de seresta – ótimos. Eu me senti "em casa".

Volta a cidade pelo bonde. Direto de "Orfeu Negro", "riding on rails" em cima do aqueduto da Lapa, o bonde lotado e os passageiros eram todos pretos. Uns estudantes me contaram depois que era um "lugar muito perigoso".

Em fim, em quanto à Casa de Cultura São Saruê, foi difícil chegar lá, a dizer o menos; Umberto pediu que eu fizesse palestras aí no futuro – é que os colégios mandam estudantes para fazer pesquisa. Estou um pouco admirado ao me dar conta do que agora SEI do folclore brasileiro e o cordel e o país mesmo, e a perspectiva que tenho através tantos anos de estudo. Dizem que o cordel está agora em todas as escolas, as primárias e os colégios como "comunicação popular".

Apesar do nervosismo, etc. a visita a Santa Teresa foi incrível – a vista do Rio, o centro, a Bahia de Guanabara e a ponte de Niterói.

APARTE. O metrô. Caladíssimo, sem grafite, bom sistema de ar acondicionado nos carros e nas estações. É de admirar. Mas, lá fora, todas as muralhas no centro têm grafite.

Outra surpresa – na volta, as portas do Palácio do Catete estavam abertas (devia estar em obras). Feito em 1856, estilo rococó, era o primeiro palácio da República! Getúlio se suicidou lá em 1954. Lindo, muito bem restaurado, mas, não há postais, lembranças, nada a comprar. Só as memórias. Mas, é um dos lugares imprescindíveis para ver se se interessa na história do Brasil.

Um Aparte. Uma propaganda na TV está dizendo não votar em candidatos cujos anúncios são barulhentos ou os que tiram volantes dos outros nas ruas. Outro: anúncio "topless" é comum. (Talvez porque a construção no hotel foi horrível, o pum, pum, pum dos martelos, e não sei o que mais, era muito incômodo). Amanhã é dia de eleição, e o encontro prometido com os Kerti.

Um Aparte. Os juros em uma conta bancária são 50 por cento por mês. A inflação verdadeira do ano passado foi 1000 por cento! O "overnight" ganha 29 por cento.

Peguei o metrô ao Largo do Machado onde tive um encontro com o poeta Gonçalo Ferreira da Silva (vi-o ontem na Feira de São Cristóvão). Pudemos conversar bem, um bom contato para o futuro. (E haverá uma surpresa irônica com a nossa reunião em Washington, D.C. na Biblioteca do Congresso e a sessão sobre a literatura de cordel, isso em 2010). Houve cafezinho no mesmo bar onde conheci o poeta famoso Azulão em dezembro de 1966 e vi por primeira vez o Bumba Meu Boi. Vinte e dois anos atrás!

Quarta – feira

É dia de eleições; fui à casa dos Lessa a ler folhetos. O trabalho continua, mas, é difícil devido à quantidade enorme de folhetos bons.

Estive com Adriano da Gama Kury na Fundação Casa de Rui Barbosa; está quase totalmente surdo agora, mas ainda ativo na pesquisa. Tem um novo livro de gramática, "best-seller" deste tipo de livro.

De volta, no hotel; não sabia se me enlouquecia porque ouvia som de pássaros, havia tempo. Resulta que não; o pessoal guarda gaiola nos balcões do hotel.

Outro dia, encontro com os amigos, os Kerti e o Hotel Glória

Henrique, Cristina, Letícia Kerti, e amigos, o Rio 1989

Curran e os Kerti

    Na noite Henrique e Christina Kerti me apanharam no hotel as 9:30 para o jantar. Henrique está com um aparelho de gesso no pé porque se deslizou no trabalho há um mês; trabalha em Nova Friburgo, um frigorífico, (tem a ver com uma conexão à família dela). Dirige 50 quilômetros cada dia na Via Dutra, a Estrada Rio-São Paulo. Espera se aposentar com 52 anos; tem 46 agora. Quer só um apartamento pequeno no Rio e um lugar calado fora da cidade. O dinheiro não é grande probleman, mas tudo é mais difícil agora. Uma viagem a Europa ou Estados Unidos ou até Paraguai (para o Carnaval) de vez em quando é possível! Não tem "hobbies" e terá de pegar uns depois de se aposentar. Cristina gosta de "jardins" e de estar fora de casa. Devido a uma operação para o câncer da garganta, está permanentemente rouca. Ele é o mesmo, gordo, fuma e gosta de Escocês "Black and White". Letícia está no sexto grau, encarregada de um projeto sobre o mar para a escola (aí, pensei nas "feiras de ciência" e nossa filha Katie, da mesma idade).

Os Kerti no Hotel Glória

Na hora da confissão

Mark e Henrique Kerti, Hotel Glória, 1989

Mark e o quadro do Imperador Dom Pedro II, Hotel Glória

Devido às eleições, não há empregada, daí temos que sair para o jantar. Acabamos no restaurante do Hotel Glória as 10:30 da noite, jantando sozinhos. Havia bom papo e falamos de tudo – as crianças, dias em Rockhurst em Kansas City, Missouri, nos EUA, hotéis, o custo de viagens (vão para Paraguai para o carnaval; o hotel tem cassino e o cliente não sai daí.)

De notar é que o carro novo para Christina tem alarme para ladrões. Ver as fotos (ótimas) nos salões coloniais do hotel, engraçadas! "Confissão," Dom Pedro II e Marcos, etc.

O jantar foi elegante – a entrada só 7$ USD, seria $20US ou mais nos EUA. Uma nota econômica: os brasileiros pagam sempre com cheque de banco em restaurante. Henrique queria saber como alugar um RV nos EUA para uma viagem, um capricho, acho. Talvez os vejamos quando ele se aposentar, mas, não antes. Quer que nós, Keah e eu, venhamos ao Rio, que Katie conheça a Letícia. Acredita que a língua não será problema (embora Letícia fale pouco Inglês e Katie nada de Português). Por quê? Porque ele chegou aos EUA sabendo zero de inglês e lembra da experiência.

O salão colonial no Glória ainda é um dos mais bonitos do Rio, pouco mudado desde o congresso de 1973, mas, o Hotel totalmente restaurado. Esta parte do Rio não vai bem. Há até uma escada rolante agora no hotel!

Meia-noite no hotel. Ainda não dormi bem.

Outro dia, de novo com Maria Eduarda Lessa, a leitura da Coleção Orígenes Lessa de Cordel

Dia de eleição. Tempo lindíssimo. Os cariocas votam e depois vão para a praia; é difícil escrever notas com as buzinas dos carros, desfiles políticos lá fora e a praia de Copacabana na distância. Bom café de manhã; será que aumento de peso? Ônibus aos Lessa na Copa às dez da manhã; trabalhando até as quatro da tarde. O ambiente era bom para trabalhar; comunico-me bem com a Maria Eduarda. Dei presentes do Arizona, etc.. Diz ela, e não há de contar com isso, que o meu estudo de "Grande Sertão Veredas" e a Literatura de Cordel" ainda talvez saia com convênio entre a Biblioteca Lençóis Paulista e a Editora José Olympio. Diz que saberá mais no começo do ano. É questão de honra diz ela! (o compromisso da biblioteda para com Orígenes). Pensei eu, esperei até aqui agora, que é mais um ano?

O pai de Maria Eduarda foi General em Angola antes da Independência; ele morreu dois meses depois de Orígenes; o resto da família está em Lisboa. Têm uma casa em Sintra. Acordamos da beleza da mesma; contei da viagem nossa a Portugal.

Falamos dos bons dias de Orígenes – cafezinhos, vitamina C, mel de abelha e limão. Comprei o almoço para nós dois em um café pertinho – galeto, batata frita, molho à campanha. Acho que foi um bom momento para os dois, Maria Eduarda e eu. Pesquisa: peguei bibliografia de todas as histórias políticas (do cordel) na coleção de Orígenes, e se tudo sair bem, farei cópia Xerox de tudo amanhã. Que confiança mostrou em mim! Se pegar isso, estarei bem no caminho para um bom artigo ou até livro (1998 São Paulo!) E a pesquisa no Rio será um sucesso.

A Fundação Casa de Rui Barbosa está ainda em greve; pensarei nesta possibilidade se vier eu o ano que vem. Pois, de volta ao Hotel Novo Mundo. Um cartaz na rua: "Como vai o nariz, assim vai o país". "Quem cheira, vote em Gabeira". Atmosfera de carnaval no ônibus, moleques. O dia foi mesmo histórico para mim. Vi a mesma alegria nas ruas de outrem; apesar de tudo, ainda vive o espírito carioca.

O plano é organizar a pesquisa, fazer lanche na confeitaria perto do hotel, voltar e ver os resultados de eleição na TV. Estou sem contatos sociais; por outro lado, há tempo para boas notas (sem estas, não faço livro nenhum!)

Quinta feira, 16 de novembro

Estou arrastando o corpo para o café de manhã depois de dormir pouco. Peguei ônibus a casa de Maria Eduarda e depois de problemas técnicos, xeroquei quase dois volumes de folhetos antigos, o que faz um sucesso desta temporada de pesquisa no Rio. O material pesa muito, as malas estarão cheias para a volta aos EUA. Aparte: A TV Educação é ótima; salva as horas no hotel. Está sem propaganda ou notícias e há bons clipes do Brasil.

Troquei cheques de viagem para pagar a conta do hotel em uma agência de turismo, o câmbio melhor do que no hotel. Vi os preços no Hotel Toledo em Copacabana e vou para lá amanhã, daí estarei perto da praia por dois dias.

Os dois dias seguintes andei um pouco atarefado – almoço de peixe na casa de Maria Eduarda (especial para mim, por Aparecida a empregada). E quero ir para a praia de Copacabana na manhã de sábado. Mereço.

Nota. Se ficar com os olhos abertos, vê-se que há muita gente morando nas ruas, em toda a cidade. Mas, a vida continua. Para mim, a rotina foi a mesma – o almoço hoje foi galeto, molho à campanha, "arroz a la grega", cerveja, e cafezinho. Espero estar com Ivan Cavalcanti Proença e talvez Luís Raimundo Fernandes, amigo de 1981 na Bahia, agora casado e morando no Rio. Estou muito gripado, tomando vitamina C e talvez ampicilina, se tudo ficar pior. Noite terrível com a gripe, estou morrendo?

Dormi melhor do que as três noites antes, mas, ainda ando meio doente. Tomei o café da manhã e saí do Novo Mundo, a um hotel diferente de três estrelas e com piscina. Bye-bye Novo Mundo. Táxi de dois dólares ao novo hotel. A má notícia – não há nenhum quarto com vista do mar (só têm seis lá em cima). Boa notícia - a tarifa é $16 dólares por dia e o quarto bem melhor do que no Novo Mundo. O hotel fica um quarteirão do mar, dois dos correios e é muito cómodo (mas barulhento).

Caminhei à casa da Maria Eduarda, e veja bem, acabei a revisão da coleção de Orígenes, achando ainda mais folhetos velhos e ótimos, xeroxando mais 5-6 estórias. Almoço de badejo, abacaxi e mate. De volta, caminhei pela Copa, ("Wish you were here Keah!") Organizei-me para a viagem ao norte, não pouca coisa. Deixarei os livros pesados e todas as cópias xerocadas aqui no depósito no aeroporto. Última noite no Rio.

Na TV o velho politico Leonel Brizola, como de costume, está protestando os resultados da eleição; diz que tudo foi fraude e cobertura injusta na TV para sua campanha.

Pesquisa: senti-me bem do trabalho feito no Rio; fiz absolutamente o máximo possível baixo as circunstâncias e tenho bom material novo. Espero pegar mais, especialmente em João Pessoa.

Por enquanto não terei de tratar com Carlos Cunha e publicações na Bahia. Maria Eduarda está otimista que o "Grande Sertão: Veredas – Cordel" saia com coedição em Lençóis Paulista, isso depois do começo do ano.

O remédio para a gripe, ou o passar do tempo, tem resultado; finalmente me sinto melhor da gripe.

Tenho um encontro amanhã com Ivan Proença no apartamento dele (é o filho do Coronel Manuel Cavalcanti Proença; leva-me aos primeiros dias no Brasil em 1966 e a pesquisa da "Fulbright").

Saudades de família, como vão Keah, e Katie - escola e violino? Futebol na ASU? A terceira parte da viagem está feita.

Outro dia, encontro com Ivan Cavalcanti Proença e outros momentos

Coisas boas, coisas más. Fui muito bem recebido na casa de Ivan. É fã dos blues e esteve em New Orleans. Falei de você, Keah, sua habilidade de pegar todas as letras das músicas pretas dos "blues." Francamente, o Proença controlou o momento; falou de Dóris Turner, minha primeira professora da Literatura Brasileira e professora na Kent State, e já foi a Kent State. Parece incrivelmente atarefado. Deu pouca ajuda em quanto às perguntas específicas minhas, mas ofereceu a coleção de cordel em casa, caso eu voltasse na tarde para consultar.

Aparte: ele era diretor da Editora José Olympio quando a Casa de Rui Barbosa mandou meu estudo de João Guimarães Rosa originalmente. Saiu quando a Xerox comprou a J.O. Não falamos do meu estudo, nada a ganhar. Queria falar de outras coisas.

Meu "dia na praia" não saiu; estava chuviscando e com nuvens. Fiquei satisfeito só com uma caminhada na calçada. Mas, não havia nada de "belezas" visíveis, desapontado eu. Mesmo assim, tudo saiu bem, porque estou realmente abatido demais (falta de dormir, doente dias antes) para entrar no mar. Fiz algumas compras, camisetas engraçadas, e xeroquei letras de álbuns de Chico Buarque e Tom Jobim. E, comprei o novo "creche" de Natal de bonecos de barro do nordeste nesta viagem.

Tive que refazer as malas – a pequena maleta "Tigre" está cheia de material de pesquisa, e presentes "embrulhados" em roupas sujas. Ficará aqui no depósito do hotel até a volta, a última noite.

Mark e o amigo Luís Raimundo Fernandes, o Rio

Hoje de noite – à casa de Luís Raimundo Fernandes, velho amigo dos dias da pensão em Salvador da Bahia. Mora no final de Leblon-Gávea. Agora casado com família, trocaremos fotos de bebés, Katie e a deles.

O Rio ainda estaria ótimo se você estivesse comigo.

Do Rio a Bahia, voltando aos "pontos" velhos

Táxi na manhã ao aeroporto, passando pela Lagoa, o túnel etc. Na chegada ao aeroporto de Salvador, havia uma espera longa no calor. Está quente.

Fiquei no Barra Turismo Hotel, em frente da praia do mesmo nome, $20 USD por noite. O AC é marginal; vinte minutos na rua aqui e a gente precisa de outro banho de chuveiro.

O próximo dia, o 20 de novembro, foi um dia cheio. O ônibus "seletivo" (como o "frescão", mas sem ar). A Fundação Cultural do Estado da Bahia e o Núcleo de Pesquisa da Literatura de Cordel estavam fechados na manhã. Logo fui ao Pelourinho e à Fundação Jorge Amado; Edilene Matos está lá agora como assessora a Myriam Fraga. É lugar ótimo, de alta qualidade; vi fotos de Jorge e vitrines de todas as fontes de estudo para ele. Comprei camisetas EXU.

Houve uma visita breve à Igreja da Terceira Ordem, ao lado da São Francisco – azulejos ótimos por dentro, pareciam de estilo neoclássico; a fachada – como o barroco espanhol. Muitos policiais para proteger os turistas. A área ainda parecia velha (e é), suja com muita pobreza visível.

Táxi a "Portuguesa", o restaurante da pensão de 1966 em Salvador. Todos ainda estão – a velha Carmina a chefa, Miquelina como escrava na cozinha, Amândio o bar man. Refeição incrível – sopa, macarrão, arroz, feijão bom com presunto verdadeiro, galeto muito grande, saldada de fruta e cerveja. Total US $ 3.90.

De volta ao Núcleo – deprimente – vi a coleção inteira de cordel, e talvez pegasse uns 10 úteis. Mas, foi um desleixo geral. É que Edilene Matos, antes diretora do Núcleo, deixou a Fundação Cultural do Estado da Bahia, trabalha na Universidade Federal da Bahia lecionando três matérias, de noite, mas aí voltou como chefa da seção de Literatura faz um mês. Está na Fundação Jorge Amado na manhã, a FCEB na tarde, e lecionando de noite. Boas vibrações de novo com os Cunha.

Aparte: Carlos e eu encontramos o manuscrito do estudo meu sobre Cuíca de Santo Amaro em uma gaveta na FCEB, coberto de poeira. Tirei-o no instante. Cunha admite que Cuíca e o cordel é "negócio" difícil agora. Virou verdade o ditado: "Está na gaveta".

Encontro com Carlos Cunha e Edilene Matos e "as novas" sobre o cordel

Edilene Matos, Carlos Cunha, Salvador, 1989

Aquela noite – na casa dos Cunha, Carol agora com 14 anos e a altura de Katie a nossa filha. Remodelaram o pátio; agora está com coqueiros e araras. A casa é como museu de arte.

Carlos Cunha se entusiasma ao falar sobre o cordel comigo; diz que ninguém mais em Salvador tem o mesmo interesse ou visão panorâmica. O jornalista Marconi talvez ainda faça um livro como Cuíca de Santo Amaro. Carlos e Edilene ficaram impressionados com meu livro sobre Rodolfo Coelho Cavalcante na Editora Nova Fronteira e a antologia bilíngue sobre o cordel na Espanha em 1990. A questão de publicações na Bahia é o seguinte – eu estou com nada a perder ou ganhar e daí ando mais relaxado.

Liguei para a colega Neuma Fechine Borges em João Pessoa; um pequeno seminário sobre o cordel foi cancelado quando não pude chegar, mas, agora está planejado de novo; está programado para eu falar 50 minutos o primeiro dia. Os únicos de fora são Roberto Benjamin e eu. Mas, o pessoal local é mesmo ótimo! Neuma e o marido vão me levar de carro a Campina Grande a conhecer Átila de Almeida (finalmente), isso no fim de semana.

Relembrando impressões da Bahia – o mar ainda lindíssimo, mas parece que há milhares de pobres nas ruas e a pobreza parece aumentar. A vida é boa se tens dinheiro.

Em quanto à pesquisa não há nada de novo agora em Salvador, está sem graça ir de novo ao Núcleo de Pesquisa da Literatura de Cordel na Fundação Cultural do Estado da Bahia. O amigo Mário Barros está em São Paulo. Falei por telefone com a esposa Laís.

Outro dia, percorrendo Salvador

Peguei táxi à Cidade Baixa, a velha Banca de Cordel de Rodolfo Coelho Cavalcante (finado já). Triste. Conheci um de seus filhos. Receberam a remessa minha – exemplares do livro sobre RCC, agradecidos. Peguei talvez 10 a 15 folhetos, isso mais os do Núcleo, e tudo não está perdido.

"At loose ends, time on my hands, and not much to do."

Praia da Barra, Salvador, 1989

Em outro dia havia um ótimo banho de praia na Barra e depois fazendo malas para João Pessoa; saí do hotel ao meio-dia. Houve um almoço simpático com Carlos e Edilene. Depois estive com Carlos na Academia de Letras da Bahia. Daí o imprevisto: houve uma greve de ônibus "relâmpago", nenhum táxi na área e uma pressa terrível para chegar ao aeroporto, ônibus errado, táxi e corrida louca e perigosa ao aeroporto.

Voltando à greve dos ônibus. Literalmente não posso expressar o pânico e preocupação que senti ao saber da greve; nem sei a distância que caminhei a pé, meio perdido na cidade, e nenhum táxi na área. Estive cercado por "milhões" de baianos na mesma situação e o tempo passando.

A chegada a João Pessoa e o encontro com Neuma Fechine Borges

Voo bom, Neuma e José Elias Borges me esperando no aeroporto, hotel modesto, mas bem perto da praia em Manaíra. Chegando às duas e meia da noite.

O hotel é bonzinho, a comida boa (se não estás comendo sozinho); fica um quarteirão da praia, um crescente de palmeiras, mas, a água tem lama; me dá saudades da praia da Barra, minha predileta em Salvador.

Neuma é ótima! Um cicerone honesta e sincera. A esta altura em 1989 tem o mestrado mas não o doutorado, e outros na faculdade não deixam ela esquecer este "fato," mas, é altamente respeitada. (Os tempos vão melhorar-se muito para ela, pelo menos, no sentido acadêmico, em 2005 onde "reinou" sobre o congresso de cordel em João Pessoa, já com Ph.D. e título honorífico da Sorbonne!)

O seminário, a palestra e o jantar com Idelette Mozart

O seminário. O auditório está repleto de gente, tem gente até sentada nas escadas, mas, está muito quente. Eu fui o primeiro a falar, o "invitado" e "estrela" aquele dia. A palestra saiu excelente. O público geral e os estudantes gostaram, e a declamação foi boa. Mas, o debate a seguir foi outra coisa – difícil – parece que todos foram gente "teórica" de literatura, fazendo-me perguntas. Acho que me defendi bem, mas, ficou claro que não "sou" da teoria. Por outro lado, estou "Número 10" em conhecimentos do cordel, passado, presente e futuro. Hoje em dia, o "mandachuva" nas faculdades e tais congressos é o enfoque teórico (o que deplorava o amigo e mentor Orígenes Lessa, talvez por isso gostando de mim e me dando apoio tanto). O que ficou evidente: eu cheguei na área primeiro a pesquisar, realmente um pioneiro. Neuma me falou mais tarde que o debate também foi politico – as inimigas dela tiveram como propósito fazer-me parecer mal, assim ferindo a cicerone também!

Aparte: houve uma palestra sobre o preconceito racial no cordel e foi muito incômoda para mim, mostrando realmente um preconceito de raça ainda existente no Nordeste. Bom que não a desse eu, gringo da terra do "preconceito" segundo muitos.

Uma "estrela" esteve presente – Idelette Mozart Fonseca, francesa, títulos de mestrado e doutorado da Sorbonne; sua tese foi a primeira defesa na Sorbonne com o tema da poesia popular e foi dirigida por Raymund Cantel. Enquanto aos debates disse com meus botões: "She tried to put me over a barrel, but I jumped out, I think." Realmente eu ficaria em melhor estado psíquico, mais cômodo, no próximo dia com o pessoal de comunicações e Roberto Benjamin.

A manhã foi seguida pelo almoço no hotel e mais palestras na tarde – um pouco aborrecido para mim, mas, necessário. Quentíssimo; acho que tomei quatro banhos com o calor daquele dia. Houve o jantar aquela noite com Idelette e o marido João Luís. Ela me disse que no começo da pesquisa da carreira foi dirigida a conhecer duas pessoas – Cantel e Curran! Estava feliz fazer contato comigo. Estranhei como ela, Neuma ou Edilene Matos não chegassem a conhecer a Candace Slater. Mas, sabem de seu trabalho.

Aparte: minha ênfase no cordel segundo o tema e conteúdo "já era"; e o enfoque parece "inválido" para o pessoal de letras hoje em dia. Ironia: tudo seria diferente anos depois com o livro "História do Brasil em Cordel" pela EDUSP em São Paulo! Minha tese aí ficou provada! Ou a crítica literária teórica já ganhou com sua nova e misteriosa terminologia, ou o sentido comum, a fala direta. Quem me dera ter Orígenes aqui para me defender! Mas, ainda me procuram. Não podem com o fato que venho de tão longe na pesquisa e conheci tantos poetas e vultos já idos! De toda maneira, Idelette pessoalmente foi simpática!

Outro dia no seminário e palestras

Esta manhã eu me senti muito abatido pela falta de dormir. Mas, gostei de um par das palestras. Compreendo e ouço tudo quando tudo é calmo, mas, quando ligam os ventiladores ou estão sem microfone, não pego quase nada. Tomei aspirinas nesta viagem. Dor de cabeça de "stress" com certeza.

Nas palestras do dia uma de um professor de Campina, foi boa. Roberto Benjamim foi bom, mas "está tocando o mesmo disco," eu acho. No Brasil, no meio acadêmico, o pessoal tem sucesso com "presença", conhecendo os outros e "networking" e convivência. Falam-me que Roberto Benjamin tem fortuna relacionada com a cana de açúcar em Pernambuco; escolhe a academia porque não precisa fazer outra coisa. Fofocas. Quem sabe.

Almoço no hotel: peixe bom e camarão, boa comida. Mas, o televisor ao volume máximo, muita gente no restaurante, todos conversando, daí muito barulho para o gringo. Mas, peguei a maior parte da conversa de Roberto.

A palestra de Roberto foi uma revelação para mim – um videoteipe com Edson Pinto e Olegário Fernandes em Caruaru, recitando "A Morte de Luís Gonzaga". O Benjamin mora em um sobrado remodelado na Rua da Aurora e leciona na Universidade Rural Pernambucana.

Novidade – Ariano Suassuna ganhou cadeira na Academia Brasileira de Letras no Rio, mas recusa fazer a viagem e participar na cerimônia. Incrível – mas é o caso já tradicional de intelectual de província no Brasil. Uma só peça dramática criou sua fama. Mas, como eu saberia mais tarde, houve outras razões pela honra – a vida de professor, o jornalismo, o Movimento Armorial, e as famosas já faladas "aulas espetáculos". Ariano finalmente mudou de ideia e foi ao Rio. Lembro-me de um filme que cheguei a ver bem mais tarde sobre o Carnaval no Rio, e Ariano foi tema de escola de samba! Além disso, sempre me tratou bem!

Falei com os botões nas notas a Keah: "Please put up with me – these are reflexions on an entire career with many emotions, as you shall see." Hoje fiquei muito frustrado no congresso - 25 anos de tratar o cordel, uma pletora de fatos e conhecimentos e observações, e não foi possível comparti-lo bem. Déjà vu: não creio que se deem conta de tudo que sabia e sei do assunto e o que tenho feito. Tanto do que falam já sabia eu antes (e já tinha publicado estudos sobre as mesmas coisas), mas o pior é que eles não saibam que sei! Desculpe o abafar!

Uma tarde frustrada – o Átila Almeida em Campina Grande anda doente. Não será possível estar com ele, daí não haverá nenhuma viagem a Campina Grande, e nenhuma possibilidade de consultar o acervo de cordel dele. Tentei seriamente esta tarde mudar as reservas de avião e sair domingo 26 para casa. Resulta que não há nenhuma vaga no avião até o 2 de dezembro! Melhor, deixar como é.

Sentia-me mal na tarde, mas fui obrigado cumprir com um compromisso e jantar com Maurice Van Woesen – ex-padre belga; veio ao Brasil em 1962. Saiu do sacerdócio, se casou e a família é muito simpática. Foram ótimos comigo; ele trabalha no tema medieval e o cordel – o "chanson", etc. Fez o mestrado sobre Suassuna. A esposa é "social worker" em Santa Rita, 50 quilômetros de João Pessoa. É que há uma família feudal que é dona das terras em toda a região. Os padres católicos se consideram perigosos (pela "preferência com os pobres").

Miscelânea de João Pessoa

Dormi até as 8 horas e me sinto muito melhor. Fui à Biblioteca de Poesia de Cordel da UFEPB com Neuma onde peguei uns 20 folhetos (cópias Xerox). Lanche de filet. Sesta. Na tarde à praia, ondas lindas. Que estivessem aqui Keah e Katie.

Nos momentos livres, estou trabalhando freneticamente a cortar o manuscrito do meu livro sobre Cuíca de Santo Amaro para editar na Bahia; cortei já umas 100 páginas.

Tocando violão com pessoal na piscina do hotel, foi bom exceto que houvesse um bêbado aí. Tomei banho de piscina antes de uma saída com Neuma e Zé Elias.

Fomos ao Espaço Cultural de João Pessoa; resulta que é famoso. É gigantesco – shows, teatro de arte, cinema, e o museu de Zé Lins do Rego. Plateia para 20.000 pessoas. O Espaço é feito de concreto e aço, baseado em alguma coisa de Paris. E com milhões de pessoas morrendo de fome no Brasil.

Praia da Manaíra, João Pessoa 1989

Keah, se viermos a João Pessoa, já sei onde vamos ficar. Fomos a praia de Tambaú, "a Ipanema" de João Pessoa, e vi o hotel de 5 estrelas. Redondo como um forte antigo, todos os quartos dão para o mar; há jardins lindos, piscinas e redes de dormir fora de cada habitação. Em frente do hotel há uma feira "hippie" e restaurantes. O ambiente é bom. O preço em 1989 foi $70 US por uma noite com 15 por cento de desconto se tens "air pass." O mar é outra coisa; não é nada bonito como o mar de Salvador. Mas, as ondas deram para fazer jacaré. Katie gostaria muito. Comemos pizza de galinha e bebemos cerveja na praia. Havia muito tempo junto com Neuma e Zé Elias. E muitas "belezas" presentes na praia.

No domingo estivemos de passeio à Praia dos Seixos. É o ponto mais ao leste das Américas. Um Aparte: Neuma nasceu perto de Crato no Ceará, se moveu a Campina Grande com 12 anos, e o pai era o prefeito da cidade. Tem família grande, irmãs na Bahia, Fortaleza, e o interior do Nordeste. Na política é PT; a irmã Neli é doutora de bioquímica na UFEPB. As duas ganham bem, mas há grandes brigas políticas dentro da faculdade.

Uma nota sobre Átila de Almeida

Neuma me falava sobre Átila de Almeida. É primo do famoso José Américo de Almeida, talvez o politico máximo na história de Paraíba (lembro que em 1966 meu cicerone na Paraíba Professor Juárez Batista me convidou ir conhecê-lo e não fui, ignorância minha, e um grande erro!). Pois, José foi governador do estado, senador e candidato para a presidência em 1930, a família com a riqueza de engenhos de açúcar. O mentor de José Américo, João Pessoa, foi baleado em 1930 por um membro da família dos Dantas (clã importante no Nordeste). O pai de Ariano Suassuna, nesse momento, era ou governador ou prefeito de João Pessoa, aliado dos Dantas. Dias depois o pai de Ariano foi esfaqueado no Rio de Janeiro. Ariano nasceu em 1927 e foi traumatizado pela vida inteira com esse choque; nunca se esqueceu do evento. Era pobre e protestante em Taperoá. Mais tarde veio ao Recife para a faculdade de direito; nunca voltou à Paraíba. O romance "Pedra do Reino" reflete toda essa estória.

Voltando ao Átila: era professor de matemática na UFEPB II em Campina Grande. Herdou o acervo de cordel do pai e colecionou mais. Na segunda edição do "Dicionário" sobre o cordel, registra 13.000 títulos. Está no momento recebendo tratamento pelo câncer. A esposa se chama Dona Ruth e a filha é Oriana (das estórias de Orlando e os Doze Pares da França). Átila é um tipo de muito humor picante. Tem 200 folhetos só da Guajarina de Belém do Pará! Faríamos um acordo de eu visitá-lo em 1990 em Campina para ver o acervo.

Fim do tempo em João Pessoa

Agradeço a Neuma e Zé Elias. O que seguiu o tempo com eles foi a volta a Salvador. É nesse momento que Carlos Cunha me deu a dica de escrever diretamente para Jorge Amado, dizendo que estou disposto a colocar um subsídio de 2000$ USD (acabou sendo a herança do meu irmão Jim) para a publicação na Fundação Casa de Jorge Amado e pedindo a ele fazer o prefácio do meu livro sobre Cuíca de Santo Amaro. Inesperadamente, recebi a resposta dele, o "sim", e tudo seria feito pela Fundação Jorge Amado. Um ano depois saiu com belo lançamento! (Não sei se cheguei a escrever todos os detalhes sobre esta odisseia de publicar o livro - todas as negociações com a Casa de Rui no Rio de Janeiro, com a FCEB em Salvador com Olívia Barradas, uma verdadeira "travessia" pelas editoras e burocracia brasileiras). Falarei depois do lançamento do livro, mas, o prefácio que fez Jorge Amado é um dos pontos mais altos da carreira!

Foi no aeroporto da Bahia esta vez que comprei o "tapacete" do artista Kénnedy.

Anedota de avião

Na volta de Salvador para o Rio, estava sentado ao meu lado um padre Jesuíta da Espanha, velho e surdo. Tinha 17 anos no Brasil e ainda estava com a pronúncia da península. Mora agora em Baturité, Ceará. Falava quase gritando (pela surdez?) em uma voz fortíssima que todos no avião podiam ouvir. O padre falou do "lunch box" que foi servido a todos nós – não comeu nada e disse que ia guarda-lo para mais tarde. Aí gritou que "Um nego o roubou". Acontece que um dos moços da tripulação era negro! Que vergonha.

Falávamos de meus estudos no Brasil, a "Ruta dos Santuarios" na Espanha, a Igreja Católica no Brasil, e o apoio para Lula e a reforma agrária. O padre era um homem de uma fé velha e um antiquado. Não gostou nada do Padre Leonardo Boff nem a teologia da libertação, nem "a igreja do povo". Estava indo para o Rio para um congresso sobre a "Nova Evangelização". Em 1990 iria a Roma para um retiro de uma semana e depois à Terra Santa. Mas, o pior de tudo foi quando gritou que "O pessoal da classe baixa está voando agora e aquele nego roubou meu lanche"!

De novo no Rio, último jantar com Henrique Kerti

Na chegada, como sempre, todos os passageiros estavam com pressa para pegar as malas. Peguei "frescão" ao Figueiredo Magalhães na Copa e daí caminhei a pé ao hotel. Tive que refazer as malas para a viagem de volta – cheias de livros e material de pesquisa.

Houve o jantar com os Kérti as 9:30 da noite (será a última vez que estou com Henrique). Tenho nas notas: "Henrique anda cansado e diz que não se sente bem. Não me surprenderia se caísse morto". E aconteceu. Enfarte e morte. Só fiquei sabendo anos depois. Letícia a filha estava presente, e um amigo, o advogado Lourenço que tem uma casa em uma ilha em Angra dos Réis – me convidou. Foi uma noite bela, e voltei ao hotel a 1:30 da manhã. Estava cansadíssimo, mas dormi mal devido ao barulho dos caminhões de lixo e o tráfego lá fora.

Último dia no Rio e fim da viagem

Fui salvo pelo fato que a greve na Fundação Casa de Rui Barbosa acabara; gastei o dia inteiro aí pegando folhetos. O pessoal era muito bom para comigo (de fato, foi assim em todo o Brasil). O acervo na FCRB no Rio ainda é o melhor que conheço até a data.

Houve um papo rápido com o Diretor do Centro de Pesquisas Homero Senna – feliz a me ver. Américo Lacombe, um dos primeiros fundadores da FCRB, já "velhinho", estava presente. Homero insistiu que fosse eu a José Olympio Editora, dissesse para eles que a Bibliteca Orígenes Lessa de Lençóis Paulisr tem verba, só é questão de mandar o orçamento para publicar "Grande Sertão: Veredas e a Literatura de Cordel" (o estudo do prêmio de 1985). Acredito se acontecer! Vi e falei com Maria Eduarda Lessa, que boa foi comigo!

No hotel, já tinha saído do quarto. Peguei tudo deixado no depósito e roguei finalmente que me permitissem tomar banho de chuveiro no banheiro dos empregados, ao lado do lobby, nada cômodo, mas, "quebrou o galho". Matando tempo, fiz uma caminhada, e de volta dei uma aula de inglês para o rapaz que controlava o cofre. Era Testemunha de Jeová, preto, pobre, um bom rapaz com esposa e filha (a vida é mesmo difícil no Brasil – deve ganhar uma miséria no hotel, mas, é pelo menos um emprego.) O serviço dele: está literalmente fechado à chave no quartinho do cofre (6 por 6 pés) esperando os clientes do hotel!

Peguei táxi ao aeroporto com o motorista mais carrancudo que já conheci no Brasil; depois de pouco, desisti de tentar bater papo. Em fim: foi a leitura e coleção de textos de cordel nesta viagem que me permitiram completar o material para fazer "História do Brasil em Cordel", resultado da palestra lida na Brown University em 1994, o conhecer Sérgio Miceli da EDUSP em Brown, e publicar o livro em 1998. A semente já foi plantada havia anos em viagens de muito trabalho.

Acho que quem leia isto pode ler "entre linhas" que esta não foi uma viagem fácil nem particularmente feliz. Havia momentos bons, claro, mas muita solidão, muita pressão e "stress". Perguntei-me se valia a pena.

CAPÍTULO III

O BRASIL 1990. PESQUISA E TURISMO

O voo e primeiros dias no Rio

America West estava na hora, a mala na hora, "shuttle" ao terminal internacional na hora, fila pequena na Varig para o check-in com 20-25 pessoas esperando. Havia tempo para ler "Treasure Island"; obrigado à filha Katie.

É o voo internacional da Varig de Tóquio, o 747 quase repleto de passageiros. Havia sim uma poltrona vazia ao meu lado, e uma moça japones-brasileira na outra, mas, não podíamos falar devido à voz pequena dela e o barulho dos motores do avião. Houve o serviço normal da Varig, mas, sem bife, uma espécie de comida japonesa. O Rio tem 4 horas de diferença do "daylight saving times" de Los Angeles, e o voo é 11 horas ao Rio.

Estava chovendo "a cántaros" no Rio. Houve luz vermelha na alfândega, mas ao revisarem a mala tudo foi aprovado. Peguei "frescão" à Copa, descendo eu na chuva cedo demais e em uma parada errada, daí houve uma caminhada de 4-5 quarteirões ao Hotel Toledo na chuva. Tinham recebido minha carta, daí a reserva estava feita. Troquei $ USD perto do hotel, nervoso na volta com as bolsas da calça já cheias de notas de moeda.

 Fiz os telefonemas – a Carlos Cunha e Edilene Matos em Salvador, a Neuma Borges em João Pessoa e finalmente a Luís Raimundo Fernandes, jovem amigo conhecido em uma estada anterior em Salvador, oriundo de e morando no Rio. Passei uma noite agradável com ele e a família. Possivelmente irão aos EUA em 1991-92. Fui dormir às 2 da manhã e dormi mesmo até 11:30 da manhã. Que bom!

Fiz uma caminhada longa na calçada da Copa, e foi ótima para mim. Li o jornal de domingo. Anunciam que haverá um novo pacote econômico (o governo de Collor de Mello, o infame "Plano Cruzélia") e o dólar vai baixar. Logo fui à Ipanema e à feira hippie. O artista de couro Glauco tem um mapa da caravela "Atocha" em couro, 54$ USD. Eu sem tanto dinheiro na bolsa não pude comprá-lo. Verei no final da viagem.

Tive canja de galinha para o almoço, satisfeito eu. Peguei ônibus a Copacabana onde assisti ao filme "The Hunt for Red October"! Será um dos meus favoritos no futuro. Depois houve uma volta ao hotel, fazendo as malas para Salvador. Acontece que estas chamadas de telefone do quarto estão caríssimas – 17$ USD mais o táxi ao aeroporto.

O resultado das chamadas - o livro sobre Cuíca de Santo Amaro em Salvador pela Fundação Casa de Jorge Amado está no caminho, mas, Carlos Cunha não tem muita notícia.

Diz que será parte de uma coleção importante da Fundação Casa de Jorge Amado. Levará uma foto de mim na contracapa. Acredito mesmo que vai acontecer.

Keah, gostei do postal seu para o dia dos pais! Espero que o dia da mãe fosse bom.

Saída do Rio e o voo para Salvador

Saindo do Rio de táxi cheguei cedo ao Galeão e foi bom porque levou muitíssimo tempo tirar a passagem "air pass". O voo foi turbulento. Interessantes foram os caras à minha direita – vão para o interior da Bahia, compram carros usados por um preço baixo e os vendem caros no Rio. Tipos como "used car salesmen" dos EUA.

Primeiros dias em Salvador

Já em Salvador, no aeroporto, peguei "frescão" ao Hotel Barra Turismo onde fiz ligações a Carlos Cunha e Edilene Matos e ao amigo Mário Barros. Cunha fala entusiasmadamente do livro sobre Cuíca de Santo Amaro. Uma sesta. Houve chuva fortíssima tropical durante várias horas depois de chegar.

Um Aparte: Conheci no avião a "Miss Black Illinois", uma promoção da Varig para turismo entre Chicago e Salvador. Só posso imaginar os altos e baixos para ela quando vir as mulatas baianas. E sentir o preconceito racial ainda no Brasil!

O Pelourinho renovado, Salvador 1990

Mark, camiseta de Exu, a Fundação Casa de Jorge Amado, Salvador

Capas de livros em exposição, o livro de Curran sobre Jorge Amado

Nossa Senhora do Rosário no Pelourinho

15 de maio, dia cansativo

Fui a Fundação Casa de Jorge Amado e bati papo com Cláudio, o chefe de editoração. As provas do livro não estão prontas devido a uma "peça no computador". Daí, não haverá lançamento durante esta viagem. Para a chefa da FJA Myriam Fraga é o primeiro dia de volta ao trabalho depois de dois meses – o marido sofrera ataque de coração e lhe faltava oxigênio ao cérebro, daí precisou de uma cirurgia, e ele quase que perdeu todo o controle dos nervos. Tentei simpatizar.

Preliminares - meu livro "Cuíca de Santo Amaro – Poeta Repórter da Bahia" na Fundação Casa de Jorge Amado

Queria a Fundação Casa de Jorge Amado informação pessoal sobre mim para a folha do livro; já tem a foto. O meu livro é o quinto na série, e estou em boa companhia. Será de aproximadamente 140 páginas. Sou o primeiro a pagar só o subsídio parcial; todos os outros pagaram tudo. Os dois mil dólares representam a terceira parte do custo total. Haverá a dedicação ao meu irmão Jim – obrigado de novo! Cunha já tem uma nota no jornal dizendo que "Está chegando o livro." Um lançamento bonito está sendo planejado, talvez para novembro. O livro será controvertido, mas, Jorge Amado o quer. É importante localmente que um brasilianista dos EUA tivesse interesse no tema, mas, o lado negativo do Cuíca de Santo Amaro entrará no debate. Cunha me aconselha: "Prepara-te a te defender"!

Reencontro com Carlos, Edilene e família

Bruno, Carlos, Carole e Edilene em casa

Almocei com Carlos e Edilene e as crianças. Devo lembrar que "salvaram o dia" socialmente através os anos em Salvador. É incrível ver o que têm que fazer para ganhar a vida. Carlos está na Academia de Letras da Bahia como Diretor Executivo e no Instituto Joaquim Nabuco. Edilene está encarregada da seção de literatura na Fundação Cultural do Estado da Bahia e está lecionando tempo integral na Universidade Católica da Bahia, cinco classes, quatro noites da semana.

Carol e Bruno estão com 14 e 13 anos. Ela começando o violão; os dois o inglês. E Gaia é o cachorro novo "Dalmation".

Pot-pourri da Bahia

Tomei de três a quatro banhos ao dia em Salvador; a humidade me mata; não ando tão acostumado ao clima do Brasil como nos anos 1960. A Bahia que eu conhecia (a cidade velha) agora está mais pobre e de classe humilde. As classes média e rica estão na orla. As ruas da cidade viraram um bazar do Egito.

Recebi um telefonema da Neuma Fechine Borges em João Pessoa. Átila de Almeida me permitirá ver o seu acervo de cordel, daí vou à Paraíba no dia 17, chegando à meia noite. O marido de Neuma Zé Elias me verá no aeroporto. Depois pegarei ônibus no dia 18 a Campina Grande. Vamos ver! Há grandes esperanças.

Houve um telefonema do velho amigo de dias no Arizona, Mário Barros. Seu lugar de trabalho A Formac foi roubado hoje na tarde por cinco homens com escopetas, e uns dos empregados foram machucados. Felizmente nenhum foi ferido à bala ou morto. Graças a Deus. Mário acha que os ladrões são ex-empregados da firma. Almoço amanhã com ele e vou saber os detalhes.

Jantei com Carlos e Edilene e toquei violão.

Eis as notícias políticas e econômicas nacionais: cada dia tem mais detalhes do novo pacote-plano econômico de Collor na TV, o infamo "Plano Cruzélia" que depois trará muito escândalo; é muito complicado mesmo. Disse com os botões: "Preciso fazer meu trabalho e dar o fora – as coisas no Brasil vão ficar pretas. Haverá uma explosão social ou outra solução. Nunca houve nada assim antes na história do país". Comprarei uma "Veja" que deveria explicar tudo. Que faz o cidadão comum? Carlos Cunha guardou dinheiro (em quantidades modestas) em vários bancos, e tirou o mínimo de cada um, isso só para lidar com as despesas diárias. É de assustar. (As contas bancárias estão congeladas pelo governo.)

Faz quinze dias que as Fundações não pagam os empregados. O governo tem planos para fechar a maior parte das Fundações, incluindo FUNARTE e EMBRAFILME. Acho até a Casa de Rui Barbosa no Rio.

Aparte sobre o cordel. O grande pesquisador Joseph Luyten está com um livro caro sobre o cordel em Japão, em japonês.

Aparte sobre a pesquisa e Cuíca de Santo Amaro. Carlos Cunha me informa. Foi na revista "Diretizes" em 1943 que Jorge Amado fez a primeira entrevista com o Cuíca, usando pseudônimo de repórter – João Garcia. Será a base para as páginas sobre ele em "Bahia de Todos os Santos".

Aparte sobre o cordel e meu livro sobre Cuíca de Santo Amaro: o jornalista baiano Paulo Marconi já fez muita pesquisa e entrevistas e tem um "dossiê" das atividades criminosas do Cuíca. Representa dez anos de trabalho. Talvez publique, talvez não.

É nesta estada que compro o grande livro de fotografias brancas e pretas de Pierre Verger, com fotos de Cuíca e Rodolfo Coelho Cavalcante no negócio do cordel nos anos 1940.

"A Língua de prata" é de Carlos Cunha quando diz que meu livro vai manter a imagem popular do Cuíca. Jorge Amado quer o livro porque cria mais interesse nos próprios livros dele, e nos seus personagens. É bom para a Fundação com meu subsídio, por pequeno que seja. E o fato que o livro é feito por um brasilianista não faz mal. Se esgotará rapidamente. A geração velha na Bahia (os intelectuais, políticos) terá muito interesse e entrará no debate, a polêmica.

Café da manhã – cuscuz de tapioca (o que tivemos no gaiola em 1967 no Rio São Francisco), suco de caju, etc.

Último almoço na "Portuguesa" (porque o restaurante foi embora depois).

Dona Carmina, Dom Amândio, restaurante a "Portuguesa"

Dona Miquelina ainda na labuta na cozinha da "Portuguesa"

O autor na Fundação Casa de Jorge Amado

Peguei "frescão" à Praça da Sé, e há muita pressa na Fundação Jorge Amado para tirar a foto de publicidade para o livro. O fotógrafo, nervoso, primeiro esqueceu-se de tirar a capa da lente, e depois se esqueceu do flash. Levou tempo e eu suando a bicas (no sótão do prédio, quarto ou quinto andar, ver a foto). Valeu a pena!

Vou ao hotel e tomo banho n. 1 do dia devido à humidade. Depois estive com Mário Barros para o almoço no "Yate Club" – casquinha de siri, paté de peixe, cenouras, azeitonas, duas batidas ótimas de limão, salada de maionese, camarão ao alho, pastel de chocolate e café. Puxa. O papo longo e ótimo.

Laís trabalha na escola. A filha Carla fez aplicação para "American Field Service", mas não necessariamente nos EUA, pode ser Austrália ou Europa.

A maior parte do papo é sobre a economia brasileira atual, coisa tão complicada que foi quase impossível para eu entender. Mário disse que os negócios da firma são os melhores em anos, isso devido ao fato que o governo "has squeezed the people" e usa seu dinheiro.

Aparte: quando Mário diz que vai "para a cidade", quer dizer "Pituba"! (Centro cívico etc.) A velha Bahia "já era", pelo menos para negócios.

Falou que o que tem de economias, para protegê-lo, coloca - o no "overnight". Com o novo plano Zélia – Collor agora o governo tem 80 per cento desse dinheiro. Mário o considera "perdido".

Mário conta que os brasileiros e as firmas fazem tudo para evitar impostos de renda. Acha, agora, com o plano de Collor, que tudo voltará à honestidade. Os brasileiros abastados guardam as reservas em ouro e dólares, não em cruzados.

Outro aspecto do novo Pacote "Cruzélia": o cidadão pode pagar dívidas com os cruzados congelados, isso é, o imposto devido ao governo, mas, só isso. E só até 3-15-1990. Não é permitido escrever cheques pessoais das contas pessoais por cruzados. Não entendo tudo isso, mas, sim entendo que há uma corrida feroz e louca para evitar o desastre pessoal. Mário espera um desemprego significativo, e, eu acho, talvez a instabilidade social. Os médicos estão em greve, os ônibus entram no dia 21 no mês.

Um aparte em contraste com a tristeza econômica

Havia uma tremenda vista da baia desde o "Yate Club". Foi um desses momentos (raros para mim) do "outro Brasil" que experimentei de vez em quando através os anos. Variando das feiras e o cordel hein?

Turismo em Salvador 1990

Fachada da Igreja da Terceira Ordem, Salvador

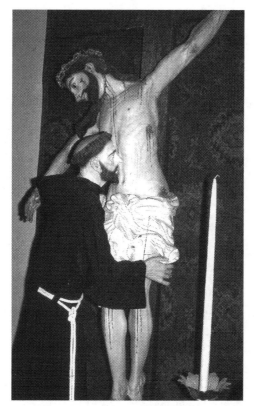

São Francisco contemplando as chagas de Cristo

A baia desde o Elevador Lacerda

17 de maio.

Peguei ônibus à Terceira Ordem, e à São Francisco, e tirei fotos boas depois da baia de Salvador e o Mercado Modelo; logo fiz a compra de camisetas de turismo, almocei na Portuguesa, fotos, almoço, aos Cunha, e mais fotos.

De volta ao hotel, nadei na praia da Barra. Depois fui apanhado por Mário e fomos a sua casa. Uma visita extremamente agradável.

Salvador a João Pessoa

O avião saiu na hora, mas tivemos que esperar uma hora em Recife por outras pessoas fazendo conexões para JP. Chegamos à uma hora da manhã. Fui hospedado em um Apart-Hotel, caro mesmo assim, com luz terrível para leituras.

Encontro com Átila de Almeida, seu acervo de cordel

Peguei um ônibus interurbano brasileiro de novo, matando saudades, como os dias velhos, faz tempo. Foi uma viagem de 2 horas de João Pessoa a Campina Grande, a paisagem interessante. Juro que nada no campo tem mudado em 25 anos! Fiquei hospedado em um hotelzinho humilde no Centro (música barulhenta vindo da praça).

Logo fui à casa de Átila de Almeida. Finalmente. Batemos papo por duas horas, me mostrou rapidamente o acervo, e voltou a outros temas. Átila é grande "prosaísta". Entendi 95 por cento. Ele era professor de matemática.

O acervo de cordel é velho; veio do pai. Ele o mostra rápidamente. Mas, ao fim, permitiu-me tirar uns 20 folhetos, levar ao hotel, ler e tomar apontes à mão; ele depois prometeu xerocar e mandar para a Casa de Rui no Rio onde os apanharia depois. (Cumpriu dias depois com a promessa.) Mas, fiquei até a alta madrugada lendo e escrevendo notas. Deu uma dor tremenda de cabeça. Devo favores a Neuma e Zé Elias por tudo isso. Acho que Átila mostrou muita confiança em mim, deixando-me levar os folhetos ao hotel. Mas, cumpri, devolvendo escrupulosamente todos os folhetos a Átila na outra manhã.

Deixei de mencionar que tinha passado o dia inteiro lendo a relação dos 13,000 folhetos de Átila. Fiz umas fichas bibliográficas dos novos. Houve um almoço e papo muito bom com Átila na casa deles. Gostaram do "sand painting" e livro de Arizona que trouxera de presentes.

A volta a João Pessoa

Depois da despedida a Átila e sua esposa voltei ao hotel e logo peguei ônibus a João Pessoa. (Aparte: Átila que sofrera de câncer, tempos depois morreu; nunca mais tive a oportunidade de estar com ele. Lembro que ao chegar eu a sua casa ele veio do Mercado com um garrafão de cachaça). Um Aparte: em 2005 ia conhecer, pois, a nova biblioteca da UFECEM em Campina Grande, entidade já do acervo total do Átila depois de sua morte.

Zé Elias e Neuma me pegaram na rodoviária em João Pessoa, e fomos logo à praia, com camarão e cerveja, um bom almoço. Logo, havia uma viagem longa ao aeroporto, e a linha aérea me colocou na lista de espera (houve "overbooking") e tivemos de voltar a casa. Aí havia muita conversa sobre o cordel, os programas da UFPB. Zé Elias é perito na lingüística, línguas indígenas do Cariri, e história; também é engenheiro civil. Neuma e Zé Elias são de casa de classe média, mas, o bairro é bom, Manaíra, perto da praia. O filho Eduardo faz engenharia em Campina Grande, outro filho Guilherme está fazendo vestibular.

Meu português vai só mais ou menos. Bom para gringo, mas, ainda cheio de erros. Neuma me mostrou muitos livros sobre o cordel de Portugal e Espanha e muitas cópias Xerox dos clássicos que logo apareceram em "Cinco Livros do Povo" de Luís da Câmara Cascudo. Chega. Estou exausto.

Tentamos uma corrida ao aeroporto de novo, e aí houve outra despedida; o voo deu certo e devo-lhes muito.

O avião chegou bem ao Recife, aproveitei para tentar planejar a viagem de volta, o voo para o Rio. Aí houve encrenca; puseram-me de novo na lista de espera (isso já acontece com o "air pass"). É que com o Plano Collor cortaram o número de voos no país. O "air pass" meu está para terminar, daí tomo uma decisão rápida – uma última oportunidade de conhecer algo novo no Brasil - irei logo a Iguaçu, mas, não houve tempo a fazer reserva de hotel lá. E, além disso, ando exausto do tempo em João Pessoa e Campina Grande, o calor, o barulho da TV no hotel e a falta de dormir.

De supetão, viagem a Foz de Iguacu e a Barragem de Itaipu

Tudo passou rapidíssimo. Assim foi: tiraram-me rapidamente do avião chegando do Recife ao Rio para fazer a conexão Rio-São Paulo-Foz de Iguaçu (o voo anterior do Recife para o Rio foi lindo em um DC Air Bus, muito luxuoso; merecia, eu cansado, exausto.)

Zona Sul, o Rio de Janeiro

Os arranha-céus e a poluição de São Paulo

Zona rural, Estado de Paraná

O voo estava quase vazio até São Paulo; daí fui à janela no lado direito do avião com uma vista incrível do Rio, as praias e a costa; tirei slides excelentes. Com camisa de manga curta de João Pessoa, fiquei quase que congelado do frio no avião com seu ar condicionado. Aí, em Iguaçu, ia encontrar muito frio e vento (tomei emprestado um suéter de lã de um colega turista). Falando do frio, na recepção do hotelzinho em Iguaçu, o homem estava com um grande casaco azul de lã. Rapaz, esta era novidade para este gringo acostumado ao calor tropical deste Brasil.

Os hotéis em Foz de Iguaçu estavam já cheios. Acabei me hospedando em um hotelzinho sem estrela – Patt's - saiu bem. $7.50 USD. Tinha um dormitório com duas camas e quatro "camas-beliche", mas, com um chuveiro ótimo com água quentíssima e cobertores muito espessos e bons. Fui dormir com os dentes batendo pelo frio e com três cobertores em cima! Mas, dormi o melhor naquela noite nesta viagem no Brasil. Amem.

No outro dia houve um café de manhã ótimo. Comem como porcos aqui no sul. Havia pizza quente para o café da manhã. Boas fatias de abacaxi, suco de abacaxi, queijos, pão francês ótimo com marmelada, café com leite. Incluído tudo no preço do hotel.

O próximo dia. Um rapaz japonês me emprestou o suéter já falado, ele lendo um gibi de "Batman" em português. Todos andam com casaco ou até abrigo, e, fazem 4 graus centígrado, 40 fahrenheit.

Barragem de Itaipu e a lagoa

Mark em frente da barragem, Itaipu

Esperei 40 minutos para o ônibus à Barragem de Itaipu, acho naquele então a maior do mundo. De 8 quilômetros de largura, era a mais ancha no mundo. Vi o filme de sua história, a construção etc. Dirigimos em Kombi em cima da barragem, vendo as grandes turbinas e a água jorrando dos túneis de concreto. O desaguadeiro é uma coisa de admirar.

Logo peguei ônibus ao rodoviário de Foz de Iguaçu, lugar incrível, com gente de três países – Argentina, o Brasil e Paraguai. Não vi nenhum preto, mas, sim uns mestiços. Os pobres aqui são brancos, uma mudança um tanto impressionante do Rio, Salvador, Recife, e João Pessoa. Pensei: que tal se tivesse feito o projeto de pesquisa sobre Luís Fernando Veríssimo e tivesse feito um estágio em Porto Alegre no Sul. Muito diferente!

O Hotel das Cataratas e a piscina

Tenho um lugar novo a trazer você, Keah! Peguei ônibus às cataratas. O hotel famoso parece lindo de fora, mas aí dentro está velho, mostrando a idade. Mas, os jardins são lindos, a piscina etc.. É de 4 Estrelas. 75$ USD (com 15 por cento desconto do "air pass"). Um luxo para mim -- participei no almoço – bufê do hotel. Havia maionese, rosbife mal passado, tomates, galinha, puré de batata com molho de carne (como em casa) a primeira vez assim no Brasil. Cerveja. E a sobremesa – pastel de limão, "legitimate lemon meringue pie"! Cafezinho. O total foi $11 USD e valeu a pena! (Faço estas notas sentado na cama do meu hotelzinho em Iguaçu; não há mesas neste hotelzinho. Com cobertores pesados sobre as pernas, suéter e chapéu na cabeça!)

Galeria de fotos das cataratas

Mark, primeira vista das Cataratas de Iguaçu

Coati Mundi na vereda, Iguaçu

Boca do Diabo, Iguaçu

As cataratas ao nível d'água

As cataratas e a vista da Argentina

Em cima das cataratas e a queda d'água

Foi uma das coisas mais bonitas que já vi na vida; as cataratas seguem sem fim. Melhor do que esperava. Se quiser, há um voo de helicóptero em cima de tudo. A vista das cataratas desde a torre do Hotel é boa, mas dos quartos, não. É impressionante – a gente desce do ônibus e zas! Aí está em frente das cataratas! Há uma boa vereda à beira das cataratas; vi muitos "coati mundi", borboletas lindas e diferentes. Cada vez que se dobra a vereda, há uma vista diferente das cataratas. A passarela de madeira ao pé de uma catarata impressionante está fechada há tempo, uma pena. Keah, um dia estaremos juntos aqui. O hotel não era muito agradável nesta visita, isso devido a muitos ônibus de turistas, principalmente argentinos e franceses, e com poucos americanos. Li um jornal em inglês no lobby e foi uma surpresa ver que Fênix (basquete) ganhou sobre Los Angeles. Milagre.

Ao outro lado das cataratas é a Argentina; posso ver turistas no outro lado! Foi aqui que filmaram "The Mission". Impressionante.

Assim é que em vez de um "pacote" de uma agência de turismo, pago USD 7.50 pelo hotelzinho, 15-25 centavos pelo ônibus, ida e volta. Orgulhoso da escolha.

Pensei no irmão Jim em Itaipu - como teria gostado da estória de construção e o resultado. Trabalhou em grandes projetos de construção. IN MEMORIAM no livro de Cuíca.

De volta ao meu pequeno hotel, houve cerveja, notas, o "Repórter Nacional" na TV, banho de chuveiro quente, dormir. Amanhã o avião sai à uma da tarde, mas, primeiro, vou pegar ônibus a Paraguai! Dizem que consiste principalmente em cassinos e contrabando e não há crime; não entendo isto. Keah, pensei muito em ti hoje; quero te trazer aqui, mas com reserva no Hotel das Cataratas.

(Lembrei que na Paraíba os esposos pareciam todos gritarem para com as esposas. O machismo não morreu no Brasil. Que sorte tens.)

Que mais há de esperar, a cerveja aqui no sul é a KAISER. Há nomes como BOSCH. Em Paraguai há muita construção de novos arranha-céus de apartamentos. É a capital da "moamba" em toda a América Latina. Os brasileiros vêm, gastam, enchem as malas de "moamba" de Paraguai que é porto livre, aparelhos eletrônicos principalmente, e à casa!

Notas de Paraná e Iguaçu

Estranhei – vendo homens com roupa de inverno, homens que parecem mais aos EUA; é outro país aqui. Os garçons e empregadas são brancos. O sotaque de português aqui no Paraná e na Curitiba tem o R pronunciado como nos EEUU. Falarrrrrrr.

Manhã, 23 de maio

Respirei forte e subi o ônibus lotado para Paraguai. Cruzamos a ponte internacional, lá no alto em cima do Rio Paraguai. É zona livre, quase como um "Nogales", Arizona - México, mas muito congestionado. Nas ruas: relógios, bugigangas eletrônicas e uma surpresa --- varas e carretos de pesca, de marcas japonesas, e boas. As ruas repletas de "moamba".

Olhei para a arte paraguaia folclórica, mas não fiquei muito impressionado. Os brasileiros, em compensação, dirigem seus carros por dias até aqui a comprar roupa, TV e o tal. É mais barato do que no Brasil, mas há certa sujeira cercando tudo.

Agora de volta ao outro lado, Iguaçu, saí cedo do hotel, pegando táxi ao aeroporto. Foi boa decisão vir para cá, mas, se virmos, haverá de ser de primeira classe no Hotel das Cataratas.

A volta ao Rio de Janeiro – pot-pourri do Rio

Quarta-feira, 24 de maio.

Dormi só mais ou menos. □nibus a Casa de Rui Barbosa onde xeroquei mais folhetos. O estômago ainda anda mal (o metrô está em greve desde minha chegada).

Falei com Adriano da Gama Kury na Casa de Rui. As coisas estão tão mal que não há orçamento para papel higiênico; cada pessoa traz seu próprio rolo.

Homero Senna quer que eu ou pague para publicar "Grande Sertão: Veredas e a Literatura de Cordel" ou tirá-lo da José Olympio.

Fui ao Instituto Nacional de Folclore (em um anexo do velho palácio presidencial de Getúlio Vargas) onde percorri uma relação de 2.500 folhetos e xeroquei uma dúzia.

Amanhã à Biblioteca Nacional e a FUNARTE.

Outro dia.

□nibus à cidade, burocracia da Biblioteca Nacional; o acervo do cordel está no velho prédio do MEC onde havia o velho Conselho Nacional de Folclore com Vicente Salles nos anos 1960. Só vi três poemas que queria. Missão cumprida.

Decidi nesses dias que não viajarei mais sozinho a fazer pesquisa. Talvez a um congresso com um grupo.

Surpresa – um livro que vi na Biblioteca Nacional que ganhou prêmios em 1985 cita muitos dos livros meus, "o grande estudioso Mark J. Curran". O livro citou o livro de 1973 de Pernambuco, as entrevistas com os poetas, e o livro sobre Jorge Amado. Ainda um desgosto para mim é o fato de Pernambuco não publicar a segunda edição do livro de 73. (Remediei isso pessoalmente com a "Trafford Publishing" nos EUA anos depois.)

Acabo de falar pelo telefone com Manuel Diegues Júnior, o autor do melhor estudo sobre o cordel no volume de estudos da Casa de Rui de 1973, dono de coleção fina do cordel, isso junto com Orígenes Lessa e Manuel Cavalcanti Proença. Falou para mim, "A coleção acabou; não tem mais. Distribui".

Liguei para ti, Keah, às dez da noite; uma má conexão, mas tudo está "okay". Aliviado.

Luís Raimundo Fernandes e Mark no sítio

Domingo

Houve uma reunião com o amigo conhecido anos antes na pensão em Salvador, Luís Raimundo Fernandes; fui com Luís Raimundo aos subúrbios do Rio a consertar o carro, e depois ao sítio em Santa Cruz. Fomos via a Avenida Brasil (a estrada da costa que vai até Santos). No sítio de amigos havia uma casa bonita, piscina, quintal grande com gramado, e árvores de fruta. Aquele domingo o programa foi cervejas e Fórmula I na TV. O passeio não foi tão bom porque tive medo – o carrinho de Luís quase que quase não tinha freios, e um "dragging tail pipe" no pavimento com chispas; tive medo de incêndio.

Outro dia

Voltei para a feira hippie em Ipanema a comprar a caravela (A "Antocha") de couro que vi no começo da viagem. Azar meu; já foi vendida, e aí comprei o veleiro "tall ship", "Cutty Sark", lindo, mas não a mesma coisa.

Uma nova gripe começou ontem (mais os problemas de estômago). Ai!

Fui à José Olympio e tirei o meu estudo sobre João Guimarães Rosa e a Literatura de Cordel (o estudo que ganhou o prêmio de 1985 em Lençóis, Paulista). A boa notícia: está totalmente revisado, o português agora perfeito. A má notícia – a odisseia de publicar continua (mas, há de lembrar a bela viagem a Lençóis – Paulista de 1985). Sairia anos depois na revista "Brasil/Brazil" da "Brown University"; tudo terminando bem. Veja bem, escrevi-o em 1972; saiu em talvez 1994. De passagem, a José Olympio, uma das editoras mais famosas do Brasil, com a crise econômica, está indo mal. Publica só reedições agora.

Na Casa de Rui recebi as cópias xerocadas por Átila de Almeida. Já nesta altura de 1990 tenho material para um livro bom no futuro (e assim sairá em 1998 pela USP).

Mark, Cristina e Henrique Kerti

As notas acabam: fui ter com Proença e jantei com os Kerti (não sabia, mas seria a última vez antes da morte de Henrique!). Aí acabou a viagem.

Irei mais uma vez em 1990 ao Brasil, esta vez à velha Bahia, quando lançam meu livro sobre Cuíca de Santo Amaro. Segue em outro capítulo.

CAPÍTULO IV

NOVEMBRO DE 1990 – O LANÇAMENTO DE "CUÍCA DE SANTO AMARO – POETA REPÓRTER DA BAHIA" PELA FUNDAÇÃO CASA DE JORGE AMADO EM SALVADOR

Mark da janela da Fundação Casa de Jorge Amado, o Pelourinho ao fundo

O livro de Curran no lançamento

Chegando ao hotel em Salvador, telefonei para Carlos Cunha. O livro está pronto, o lançamento será na quinta-feira com um pequeno seminário na Fundação Casa de Jorge Amado, tudo patrocinado por Myriam Fraga a diretora da fundação. Vão participar três a quatro peritos locais sobre Cuíca. Haverá coquetéis, acarajá, poetas etc.. Cunha parece entusiasmado, pode ser bajulação, mas diz coisas boas – "Um Americano com três livros sobre a cultura baiana"!

Deram-me o convite ao lançamento como prova para que tire o dinheiro das despesas da viagem da ASU na volta. Convidaram o pessoal da USIS, do IBEU, e mais 500 baianos. Há exposição na FJA. A máquina fotográfica da filha Katie deve funcionar bem! Há notas nos jornais e um "poster" com desenho de Sinésio Alves. Dona Maria do Carmo a viúva de Cuíca estará e a FJA lhe dará dinheiro. O marido da Myriam anda melhor, recuperando-se.

Jorge Amado está na França; há de mandar o livro a ele.

Falei com Mário Barros, deixando mensagem pela filha Carla. Laís está em Porto Alegre, a mãe doente.

Desenho-caricatura do poeta Cuíca de Santo Amaro

Outro dia: na FJA com a Myriam. Vi os convites e o LIVRO. Grande alegria minha; é bonito.

Há reportagens nos três diários de Salvador, todos com artigos compridos sobre Cuíca, o livro, etc.. Foto de mim. O amigo Mário a viu no jornal e disse "You are famous in Bahia".

Estou sofrendo de "stress" e não estou dormindo bem; tudo será melhor depois do evento. A exposição foi bem-feita de antemão, no salão principal depois de entrar do Pelourinho. Notas sobre o livro já foram mandados a todas as partes do Brasil.

Depois houve um almoço com Carlos, Edilene e a família, almoço especial, aniversário do Bruno. Galinha, camarão, sorvete. Trouxe presentes eu – o prato dos "Índios Navajo" para Edilene. Acontece que ela fez quatro revisões no livro! Cunha fez a publicidade. A sua casa é minha "segunda casa" na Bahia.

O novo Pelourinho e a Fundação Casa de Jorge Amado

Profissionalmente, o livro é uma coisa boa. De passagem, tem muito prestígio com o prefácio por Jorge.

A vida aqui está difícil – mais cara cada dia. Edilene está na Católica. A Fundação Cultural do Estado da Baia é um desastre; não há verba. A Fundação Casa de Jorge Amado está um pouco melhor, mas, sofre.

A cidade parece ser uma grande feira, em todas as ruas. Bazar egípcio.

Ofereci dar uma pequena palestra à aula de literatura de Edilene na Católica. De passagem, o prédio é muito pobre e em más condições. Temos sorte de estarmos e vivermos nos EUA, pelo menos, neste sentido.

Carlos e Edilene estão muito felizes com o livro, o lançamento, um bom momento para todos.

Ando preocupado pelo lado negativo de Cuíca de Santo Amaro e o debate possível. Carlos Cunha fala para não me preocupar, que sou capaz de me defender. Repórteres da TV estarão presentes. Se estivesse você Keah!

O amigo Mário ligou; tentará chegar para o evento. Laís está em Porto Alegre. Talvez haja um encontro.

Na FJA, vendo "clippings" de jornais, publicidade, e há um papo com o gerente de editoração Claudio. Diz que mandarão os livros meus (a parte minha devido a subvenção) pelo correio (levei um pacote de 50 comigo ao hotel, boa coisa, porque os outros não chegaram.) No hotel refiz as malas. Cansado, tentei dormir. O evento é esta tarde.

Curran em frente da Fundação Jorge Amado

O lançamento

Não alcançou a beleza da comemoração dos 50 anos de literatura de Jorge Amado em 1981, mas foi bom. Cheguei antes da hora, isso apesar do motorista de taxi cujo carro deu prego no meio da Avenida 7 de Setembro. Entendi 20 por cento do que dizia. Eu estava com roupa boa para o lançamento e aí na rua quente com o taxista, este tipo popular, só vendo. Eu suando as bicas no calor baiano.

Logo fui ao Terreiro de Jesus; fazendo uma oração breve na catedral e matei tempo vendo tendas de turismo no Pelourinho. Uma tarde linda. Depois estive no escritório da Fundação, no andar de cima com Myriam Fraga, Hildegardes Viana (de 1966), e Junot Silveira (repórter de 50 anos de serviço "Na Tarde" com artigos importantes sobre o Cuíca). Lá embaixo o pessoal estava chegando, a TV Bahia (Rede Globo) filmando. Fui apresentado a muitas pessoas locais, e estou lembrando poucos nomes.

Fui chamado pela TV a uma entrevista (a mesma saiu às 10 aquela noite; nunca cheguei a vê-la) Mas, acho que saiu bem. Falei da importância do Cuíca, porque fiz o livro, o cordel, Jorge Amado, seus romances, etc.

Logo vieram as palestras: Sinésio Alves falou comparando o Cuíca com "Charles Chaplin". Depois vieram as memórias da Hildegardes – como Cuíca recusou fazer chantagem! Edilene Matos falou da primeira entrevista de Jorge Amado com Cuíca em 1943. Junot Silveira falou em não sei quê. Myriam seguiu com anedotas sobre o poeta. Logo falou Maria Preta que faz cordel e aí o poeta iconoclasta do cordel Lucena de Mossoró - muita besteira, improvisação sobre todos os presentes. Falou longamente e às vezes em tom ofensivo – mas é ele!

Fiz questão de falar especialmente com a viúva de Cuíca, Dona Maria Carmo (que recebeu 11.000 cruzeiros da FJA que doou dinheiro do livro a ela ($110 US). É salário de dois meses no Brasil! Contei-lhe que tratei Cuíca "bem" e com uma visão nacional. Lembro que estive com a viúva em sua casa pobre em Liberdade anos atrás quando fazia a pesquisa, a entrevista arranjada por Carlos Cunha.

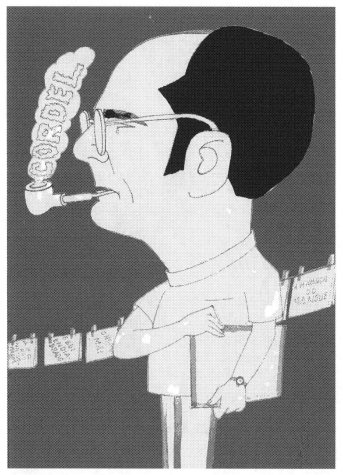

Desenho-caricatura de Curran por Sinésio Alves

Assinei livros durante uma hora. Ver as fotos de Sinésio e o "mockup" - desenho de Cuíca.

Sinésio falou particularmente comigo; contou uma anedota – ele e a esposa estavam no carro deles em frente da casa deles. Uns ladrões vieram com escopetas, roubaram o carro e logo o destruíram. Mas, ele contava tudo de bom humor; tem uma boa atitude da vida. Uma luz no cérebro meu! - o próximo livro deveria de ser sobre Sinésio com entrevistas e os desenhos dele! Ele é genuinamente boa pessoa, coração de ouro. Sincero. Humilde. Não cheguei a fazê-lo e ele morreu há tempo. Triste.

Sinésio Alves e o "mockup" de Cuíca de Santo Amaro

Mário Barros e o pai dele marcaram para o almoço (vieram ao lançamento).

A assistência ao lançamento segundo Carlos Cunha foi menos do que esperavam. Ele acredita que o pessoal tem medo de vir ao Pelourinho de noite. De fato, havia policiais fora das portas, de segurança.

Reencontro com Mário Barros

Curran e Mário Barros na Formac

Estive com os Barros em um almoço no "Yate Club". O apetito melhorou já depois do lançamento e o "stress" sentido por mim, isso e a boa companhia. Siri de caranguejo, azeitonas, queijo, batida de limão, salada de camarão, um bife grande e gostoso, farofa e fritas.

Mário Barros trabalhando no escritório

Visitei a firma onde Mário trabalha, a Formac, e foi uma ótima experiência. Vi o armazém, os computadores; a firma está com vendedores e filiais no interior. Mário está com 16 anos agora na Bahia, e antes com 3-4 no Sul. Vi-o trabalhando – é um verdadeiro profissional. A tarefa principal do momento foi conseguir empréstimos dos bancos para que os fregueses possam pagar a dívida a Formac.

Mário deu um jeito para minha viagem ligando para um amigo na Varig e conseguiram colocar-me no voo do dia 28 para o Rio. VIP check-in no Hotel da Bahia.

Última noite com Carlos e Edilene. Eu já estou muito mais relaxado. Edilene disse, de verdade, que sou "persistente". Pensou que tudo em questão do livro fosse perdido na época de Olivia Barradas. Foi ideia de Carlos Cunha a escrever diretamente para Jorge Amado. E zas! Aconteceu. Ela falou de Sebastião Batista, Lourival Batista, e um novo projeto – Castro Alves e o cordel; cordel na Bahia, paródias. Contou que Sinésio Alves fez obras de carnaval para o presidente em Brasília. Um aparte: Carlos e Edilene vão se separar daqui a uns anos. Acho que nunca mais me encontrei com ele, ele até fugindo do encontro; descobri logo que não foi só meu caso. Andava com depressão. Depois houve um par de vezes que estive com Edilene em congressos em São Paulo. Foi para lá, tirou o Ph.D. se casou de novo e está com vida feliz. Fim de uma época.

Saí sentindo-me muito bem pelo feito. Escolhi bem a me perseverar no assunto, escrevendo a Jorge Amado, mandando o sumário do livro sobre Cuíca de Santo Amaro. De outra maneira nada teria acontecido. A pequena herança do irmão Jim proveu o subsídio parcial para o livro. Sou orgulhoso de tudo. Há de entender que os baianos quase não acreditam que um ESTRANGEIRO pudesse haver feito a pesquisa e o livro.

Chuva, enchente e a corrida louca ao aeroporto

Nada é fácil em Salvador e uma última aventura ficou. Na noite inteira antes de minha saída havia chuva pesada, e as ruas na Barra ficaram totalmente inundadas. Tive que ir da hospedagem na Barra ao Hotel da Bahia para tirar e arranjar a passagem. Com a cheia eu não podia nem atravessar a rua na Barra em frente do hotel a pegar um táxi. Mas, consegui subir a um ônibus até o Hotel da Bahia. O lobby do próprio Hotel estava inundado. Cheguei à agência da Varig e peguei a passagem (Mário arranjou que não tivesse eu que pagar a multa de cem dólares para mudar o bilhete.)

Lembrando, a saída do meu hotel para o Hotel da Bahia foi rápida às 10 da manhã, o avião era marcado para 1:40 da tarde. A odisseia aí começou. Nesta manhã em Salvador havia 200 cruzadas de rua inundadas. Houve anúncios pelo rádio a ficar em casa salvo emergência! Um cara na Varig no Hotel da Bahia disse que de jeito nenhum alguém pudesse chegar ao aeroporto.

Pois, consegui contratar um desses motoristas meio loucos; a corrida foi em um táxi meio calhambeque, o motorista com 26 horas sem dormir; mora 10 quilômetros do aeroporto e não pôde chegar a casa antes. Agora estava tentando de novo. Olhos meio fechados. Fomos pela Orla – aí encontramos barricadas, e fomos de volta à cidade. As artérias no vale estavam com barricadas, daí subimos e descemos os morros da Federação. Deveríamos ter dobrado atrás pelo menos seis vezes. Mas depois de uma hora o motorista conseguiu entrar na estrada (freeway) paralela interior que tinha água, lama e desabamentos ao lado da estrada. Dirigiu como um louco mesmo. Mas, chegamos bem, USD 22$ e em cima da hora.

A grande ironia. O avião devia vir de Manaus e se quebrou em São Luís do Maranhão. Agora a saída está prevista para as 15 horas. Voucher para o almoço. O avião para Los Angeles deve sair as 12:30 da manhã no outro dia. Meu plano ao chegar ao Rio é não sair do aeroporto. Estou ainda esperando na Bahia, o avião atrasado.

Demorou muito o avião a chegar a Salvador, mas, ao fim, chegou e saímos ao Rio. Aí fiquei esperando no Galeão, sendo posto na "lista de espera" várias vezes. Como prêmio pelo atraso e problemas, me deram um bilhete de "business class" para Chicago saindo às 12:15 da noite. Seria a única vez em todas as viagens através os anos ao Brasil que tive esta experiência. Não recusei a passagem.

Escrevi estas notas seguintes em inglês. Eis a descrição do voo para Chicago:

Large seat which pulls down to stretch legs

Travel kit/ hot towel/ nuts / drinks/ shrimp-crab salad/ caviar/ carrot salad/ steak/ dessert tray/ "licores"

Breakfast: "café com leite," croissant, steak, cheese, box of chocolates.

Ao chegarmos à alfândega em Chicago, havia uma brisa forte lá fora (mês de novembro), uma caminhada longa ao terminal da United, e logo a saída vendo os arranha-céus de Chicago.

Em casa.

CAPÍTULO V

O BRASIL 1996. REECONTRO COM O EX-ESTUDANTE NO RIO DE JANEIRO, PUBLICAÇ☐ES, CULTURA NORDESTINA E CONGRESSO EM SÃO PAULO

Motivo

Esta estada breve no Brasil seria minha verdadeira introdução à grande São Paulo, à Editora da Universidade de São Paulo (EDUSP) e a USP mesma, mas também ao meio cultural nordestino e um elenco importante de artistas nordestinos em São Paulo.

É um pouco irônico que me levasse tantos anos a entrar em e participar neste meio cultural. Creio que já comentei que até tive medo de ir a grande cidade e lidar com aquela realidade. E francamente não dava bola ou atenção ao que São Paulo oferecia em termos de meus interesses culturais e minha pesquisa. Admito, agora para todos, que estive equivocado, e, me pergunto: se São Paulo é a "maior cidade nordestina" fora do Nordeste, e se tem a terceira parte da população oriunda do Nordeste, como ignorar estes fatos? Aí minhas desculpas. Não toma nada do Nordeste nem da importância cultural nordestina do Rio, mas, o "bolo" teria sido incompleto sem ele.

E como falarei depois, em termos de publicação e dos meus esforços de pesquisa, as longas horas gastas nisso através os anos, foi São Paulo que me premiou com bons resultados. Grato e obrigado.

Os motivos da viagem foram um reencontro com o ex-estudante da ASU radicado no Rio, Roberto Froelich, tratar com a Editora da Universidade de São Paulo (EDUSP) e um livro novo, e assistir um congresso na USP.

O voo

Peguei a linha aérea "South West" a Los Angeles; aí peguei ônibus ao terminal internacional que estava cheio de Asiáticos. Ente eles eram um time de futebol do Japão e homens de negócios. O nosso voo foi o DC 10 ao Rio.

O serviço na Varig – estava agora "moderno," meio ruim, não como antes. Tudo agora é plástico.

O voo foi longo até o Rio e estive exausto ao chegar. Havia uma espera longa na alfândega, mas o ex-estudante Roberto Froelich estava me esperando aí fora. Ele estudou espanhol comigo na graduação na ASU nos anos 1970 e também iniciou seus estudos em português comigo na mesma época. Sempre disse dele: o estudante de mais sucesso em Português – foi para o Brasil, gostou e nunca voltou! Roberto era e é o epítome do espírito livre!

Com Roberto no Rio

O ex-estudante Roberto e o aquecedor d'água

Roberto treinando o violão clássico

Pegamos o "frescão" até a Copacabana e depois de uma caminhada longa, eu suando a bicas com a mala pesada, chegamos até a casa de Roberto. Aí conheci o companheiro de quarto, o Paco.

Papo bom, Roberto toca o violão clássico e logo prepara uma "macarronada" para o almoço.

Fizemos uma caminhada no Leme à beira da praia de Copacabana e outra à Pedra dos Pescadores; o pessoal pescava um peixe que se via um pouco como "barracuda". Que sei eu!

A primeira noite foi horrível; não consegui dormir devido à humidade e o barulho da ladeira (Roberto morava em uma casa no final de Copacabana no Leme, na ladeira à favela lá em cima e atrás de Copacabana), os carros buzinando e passando, e o latir dos cachorros.

Domingo de manhã.

Pegamos o ônibus Triagem à Feira de São Cristóvão. Chegamos primeiro à barraca de cordel de Expedito da Silva. Logo, Roberto, Paco, e eu tomávamos cerveja em uma barraca de forró. Houve um bom encontro com o poeta de cordel e artista de xilogravura Franklin Machado, o primeiro encontro desde há quatro anos (o primeiro foi na Casa de Rui seguido por uma noite de festa com Sebastião Nunes Batista, ele e eu). Desquitado da mulher, Franklin saiu de São Paulo, fez TV em Salvador e agora é chefe do Museu da Feira de Santana. Ele contou novidades do "pessoal" de cordel, intelectuais e poetas, isso em 1996: Edilene Matos e Carlos Cunha estão já desquitados, ela morando em São Paulo e fazendo o Ph.D. em letras na USP. O velho amigo e poeta de cordel Apolônio Alves dos Santos tem uma barraca de cordel em Campina Grande. Gonçalo Ferreira da Silva está dirigindo a Casa São Saruê em Santa Teresa no Rio com o General Umberto Peregrino, este já com 84 anos. J. Barros e outros estão na Praça da República em São Paulo. J. Borges está ainda em Bezerros em Pernambuco, o "mestre" de xilogravura nordestina, mas, "tudo está no fim aí" (talvez o cordel, mas não o Borges. Ainda vai bem.)

Pegamos ônibus à casa de Roberto, jantando as "sobras" de sábado. Na noite fomos ao Mercadinho São José em Flamengo para escutar um quarteto de chorinho. Música ótima, noite bonita, papo bom. Todos eles são profissionais em outras carreiras; a música é hobby. Depois, convidei Roberto e Paco à pizza na praia de Copacabana; chegamos à casa à meia-noite. Dormi como pedra até 6:30 da manhã.

Segunda, 25 de março

Fomos tomar banho de praia na Copa; havia maré alta, mas conseguimos nadar e "fazer jacaré". Foi uma delícia; fazia anos que realmente nadava eu em Copa. O ruim: eu me queimei ferozmente no peito do pé.

Dona Judite fazendo vatapá

Aquele mesmo dia em casa de Roberto a empregada e cozinheira Dona Judite vai nos brindar por fazer uma comida especial para mim da Bahia. Moqueca de peixe, vatapá, quiabo (e logo o "Pepto Bismal!"). Depois do almoço fomos à Fundação Casa de Rui Barbosa e é de notar que foi a parada mais rápida aí na minha carreira! O Ex-Diretor da Seção de Filologia Adriano da Gama Kury não está; Homero Senna o Ex-Diretor do Centro de Pesquisa está aposentado. Não há nada do cordel na casa desde os dias de Orígenes Lessa.

A música e um "show" de violão

Roberto "dando show de violão" na Guitarra da Prata

Roberto e eu pegamos o Metrô ao centro. Fomos às livrarias e logo à "Guitarra de Prata" – Roberto e eu dando "show" de violão! Praça Tiradentes. Bar Luís – "choppe". □nibus a casa. Liguei para Abigail e Zé Rubens em São Paulo (Abigail é amiga da Clarice Deal na ASU, foi meu contato e proveu hospedagem durante o congresso dias depois).

Aquela noite seguiu o papo bom com Roberto. Jantamos feijão e arroz, farofa, e os restos da comida baiana.

Terça-Feira.

Roberto e o já antiquado "Orelhão," a Praia de Ipanema

Foi o último dia no Rio. Sol na manhã. Paco, Roberto, e eu pegamos ônibus à Ipanema, caminhávamos na praia, fomos às livrarias, e a saída acabou com um grande almoço no Sindicato do Choppe. Naquela tarde em casa do Roberto ficava eu lendo "A Burocracia e o Latino-Americanista/ Brasilianista".

Aquela noite peguei táxi aos velhos amigos Kerti e houve um bom papo com Cristina, Letícia, e seu noivo Rodrigo. Novas da família desde a morte de Henrique: Cristina também trabalhou em Nova Friburgo e agora é chefa do restaurante da família na Barra.

A semana que vem vão para Angra dos Reis. Cristina deu convite para eu (nós) virmos para Angra, é só ligar para arranjar datas etc. Gostam todos da ideia de Fênix e Colorado. "O Brasileiro vai para Aspen".

Final da visita na quarta-feira

Fui acordado às 5 da manhã os galos a cantarem. Roberto e eu caminhamos a praia de Leme e aí pegamos o "frescão" ao Galeão. Fim de contas agora em 1996 foi uma boa visita entre professor e ex-estudante, agora "amigos". Falamos de literatura – a Americana, a Argentina, e a Brasileira. Violão clássico. Muita risada. A lição ensinada pelo professor anos atrás foi aprendida pelo estudante – ler a literatura para aprender e se divertir. Ver humor em tudo. Escrevi: Roberto talvez seja um "caso único". Lembra as raízes, mas virou intelectual com muita curiosidade, mente aberta, e é excêntrico também.

Também há de lembrar o "folclórico" do apartamento de Roberto, o aquecedor de água, o vaso com defeito, o chuveiro elétrico, o jeito do café, o deitar na rede, a vista da janela. A cama era meio "folclórica" como a do Recife em 1966. Dormi nas costas duas noites seguidas, nem dava de lado pelas tábuas de madeira.

Esqueci – nesta estada breve no Rio houve a aventura de comprar um presente – um biquíni para a filha Katie - isso em Leblon em uma loja chique. As moças – atendentes não conheciam as medidas dos EUA, eu não sabia as (métricas) do Brasil, daí, cada uma das moças se fez de modelo, dizendo "como eu?" E acertamos no tamanho!

Avião a São Paulo

Avião da Varig para São Paulo

Foi um 437, limpo, bonito, e o pessoal a bordo todos pareciam iguais – sulistas prósperos. O café da manhã foi de uma fruta "vaga" e um croissant com queijo e presunto. E uma novidade para mim no Brasil – a primeira vez na Varig – café instantâneo com leite – é só abrir o pacote e esquentar a água. E surpreendemente não estava tão mal.

Arranha-céus e poluição de São Paulo

Minha impressão do Aeroporto de Guarulhos na Cidade de São Paulo – limpo e eficiente. Abigail teve a gentileza de me recolher no aeroporto e logo como bons paulistanos pegamos o "Freeway" à cidade. Lembro principalmente dos buracos no asfalto, caminhões com fumaça diesel pela zona industrial, "a periférica", o centro, e túneis até a USP.

A chegada à casa de Abigail e Zé Rubens

Ex-Capitão da Varig Zé Rubens e a anfitriã Abigail, São Paulo

Conheci Renato, o filho de 18 anos, fazendo letras na USP, mas quer fazer direito. Luís Paulo de 4-5 anos está na creche da USP. Zé Rubens com o colega Carlos faz um negócio: produtos importados, com escritório em Miami. A mercadoria inclui chapéus, óculos de sol; mandam a lojas no interior. Senti bem em casa. Logo Abigail teve que ir à universidade e houve um grande almoço brasileiro no clube da universidade da USP – uma mesa de saladas (com abacate), linguiça, picanha, batata frita, arroz, guaraná e café. Não tomei cerveja porque foi planejado ir à EDUSP na tarde. Comentei: não é nada assim, tão gostoso, na cafeteria da ASU.

Grande momento na Editora da Universidade de São Paulo

Na Editora da Universidade de São Paulo (EDUSP). Foi um grande momento para mim. Heitor Ferraz agora é assessor do Presidente da EDUSP, Sérgio Miceli, este com um novo livro seu que saiu hoje. Está no centro para uma entrevista que vai sair na VEJA.

Heitor teve em mãos todo o meu manuscrito do que seria "História do Brasil em Cordel" (a caixa grande com o manuscrito e o disquete que tinha mandado eu pelo correio). Parece que tudo enquanto ao livro já foi decidido, tudo já preparado ou "feito". "E questão de só arranjar os detalhes. Queriam que decidisse eu num titulo, mandar as provas rapidamente e principalmente o material para as ilustrações (as capas de folhetos, fotos). Foi ótimo que eu tivesse trazido os folhetos comigo; deixaram-me explicar cada um, como cabia no livro. Falando humildemente, acho, fiz um bom trabalho de "vendedor", de vender o livro a eles. Acho que "it iced the cake".

E Abigail teve oportunidade de apresentar o seu caso – livros de texto para a psicologia clínica. Tudo foi extremamente civilizado e organizado. Isto é outro mundo aparte da Bahia ou Pernambuco. Chamaram Plínio Martins, o "set-up man" para o texto e as ilustrações, em fim, a editoração do livro." Parecia muito entusiasmado, assim como Sérgio e Heitor. Um Aparte: é o Plínio Martins que será o futuro chefe da EDUSP e quem talvez acabe fazendo meu "Retrato do Brasil em Cordel," livro "cúmulo" da carreira que virá anos mais tarde. O texto deste último livro está com o revisor em 2009, entreguei em 2002! Novidade de 2010: já li as provas finais e o livro saiu acho em 2011.

Falamos do tamanho do texto, o título, querem uns textos completos do cordel ao fim, e ilustrações. Falaram de um lançamento de um livro de Jerusa Pires amanhã; talvez vá eu.

Sérgio Miceli dá um pulo na sala – é extremamente simpático, amigável, feliz a me ver. Pergunta a Heitor se tudo está "arranjado", e que tal o meu português no livro? Mas este último comentário é de maneira de piada. Diz, "Bora, vamos fazê-lo". Ele escolhe o título, "História do Brasil em Cordel". Tudo foi rápido, todos os presentes dizendo "yes, yes". Não ficou preocupado nem com interesse especial por um volume II sobre o cordel recente. "Em algum momento tem que parar"! Também foram meus sentimentos. Diz, "Venha na segunda e assinaremos o contrato". E acredito que ele realmente fala em sério! Que diferente do Recife ou a Bahia, ou até o Rio! Queriam o número de passaporte. Receberei 20 exemplares, e dez por cento em cima do custo de imprimir. (Era mesmo de admirar, através os anos, o que recebi.) A tiragem inicial era de 1500 exemplares. Será o primeiro passo para o sucesso maior meu no Brasil; fariam três tiragens mais em 2001 e 2003. E eu assinaria novo contrato de cinco anos em 2009. O livro será muito lido no Brasil. E foi realmente o único com "royalties" significantes! Escrevendo isso agora, lembro-me do conselho daquele contista da Bahia, o escritor de epigramas - de não mexer mais com os Baianos, e tratar só com editoras no Sul! Conselho dado em 1990.

O Instituto de Estudos Brasileiros - USP

Fui a USP com Abigail, eu ao Instituto de Estudos Brasileiros – "em reformas até abril". Tudo estava coberto de plástico devido à construção. Mas, sendo persistente e charmoso, pude entrar para ver os catálogos sobre o famoso acervo de cordel, tão badalado pelos pesquisadores no Brasil. Vi relatórios dos Fundos Vila Lobos, de José Aderaldo Castelo, Ruth Terra, de Mário de Andrade e relatórios do Instituto de Estudos Brasileiros. O surpreendente foi que houvesse poucos folhetos que não havia visto, principalmente uns sobre a primeira fase de Lampião. A odisseia de pesquisa acabou! Vou à casa satisfeito com o material pego para livros novos.

Liguei para Mike Grossman e marcamos um almoço amanhã no "Consulado Mineiro" um bar por aí. Aí conheci Assis ⬜ngelo e depois de bons momentos sociais ficamos amigos. Ele, acho, é o número 1 em todo São Paulo como interlocutor da TV para a cultura nordestina.

Em outro momento fui com Abigail ao Departamento de Psicologia na USP. Vi a clínica. Ela acabou o Ph. D. o ano passado; tinha feito o B.A. em Brasília, e teve consultório no Rio (clientes da classe alta). Mas, gosta dos estudantes; tem duas aulas e umas publicações. Trabalho sério. É uma pessoa altamente qualificada na sua área de pesquisa e ensino.

Domingo, 31 de maio.

Acordando às 6 da manhã, peguei carona com Abigail à Praça da República. Estava cedo; as barracas só começavam a abrir. Havia muitas pinturas, pedras preciosas, moedas velhas, selos velhos, e joias "hippy". Parecia-me que havia mais bugigangas turísticas do que a visita em 1985 com a Keah. Dizem que o artista de couro Glauco está na Europa, daí talvez não perdesse muito eu por não poder ir à Feira "Hippy" em Ipanema. Não vi nada de cordel, mas, não havia em 1985 tampouco.

Encontro com os cantadores e outros no Rádio Atual e no Centro Cultural Nordestino em São Paulo

Curran e os poetas Téo Azevedo e J. Barros, São Paulo

Foi através de Michael Grossman e seu trabalho com a cantoria nordestina em São Paulo que os eventos daquele dia surgiram. O cantador e anfitrião Téo Azevedo apareceu na Praça da República na hora marcada às 9:15. E o poeta de cordel e artista de xilogravuras J. Barros esteve em frente da Praça. O poeta velho J. Barros tinha uns folhetos velhos que paguei 20$ só para "quebrar o galho."

Galeria de fotos do Centro de Cultura Nordestina e no Rádio Atual e o "show" de Téo Azevedo

O dono do Rádio Atual e Frei Damião na velhice

A turma no Rádio Atual

Cantador de boiadas e o interlocutor Téo Azevedo, Rádio Atual

"Boiando" no Rádio Atual

Curran e os poetas, almoço no Centro Cultural Nordestino

Dançando forró no Centro Cultural

Depois do encontro na Praça da República pegamos transporte, taxi se não me engano, a um bairro distante (havia muito tempo nos "freeways" de São Paulo) e fomos ao "Rádio Atual" em um dos Centros Culturais Nordestinos em São Paulo. A um lado do portão da emissora há uma estátua de Padre Cícero e uma de Frei Damião no outro. Também há estátuas de Lampião e Maria Bonita. E em frente está uma praça gigantesca para festas como a de São João.

O programa do Téo começa as 10:30. Chegaram Mike Grossman e Flávio dos "Blues Etílicos". O Téo é um verdadeiro "showman"; trabalha no rádio há 30 anos. E se parece muito com Luís Gonzaga quando está "no ar". O tema do programa é a música nordestina, inclusive a música de sanfona. Téo fala "palavrando" um pouco, daí uma música de disco ou fita cassete é tocada. Daí a pouco uma pletora de cantadores chegaram.

O que me lembro do programa é o seguinte: Flávio dos "Blues Etílicos" (grupo de música popular-rock do momento em todo o Brasil) de gaita tocou "Aza Branca" de maneira tradicional e depois com estilo de "blues". Mike Grossman diz que é o melhor de todo o Brasil

91

– acredito. Depois Flávio tocou uma música com Téo Azevedo – foi uma combinação de cantoria e "Blues" (Grossman acha que isto tem futuro no Brasil).

Aí os cantadores de boiada cantaram – foi bem bonito, lembrando um pouco o ritmo e até o som de Luís Gonzaga e também um pouco a famosa "Disparada" de Gerardo Vandré. Aí houve uma cantoria com Louro Branco e outro cantador que fizeram um mote, me elogiando. E aí Téo me entrevistou durante uns 10 minutos. Não foi "joia", mas saiu bem.

Senti pena pelo único poeta de cordel presente, o Ulysses Higino. Vende cordel do Luzeiro e tem 1-2 folhetos editados com ele. Tinha feito uma glosa, mas não houve tempo para fazê-la. Outra vez, não por necessidade, mas por ser "social", comprei CDs e fitas deles. O folheto de Ulysses sobre Collor de Mello apareceu e acho que fechou meu livro "História do Brasil em Cordel". Um Aparte: no estúdio do Rádio Atual eu ouvia tudo em português e entendi bem, quase tudo.

Depois do programa, todo o grupo (menos Michael Grossman e Flávio) foi a um "cantinho nordestino", eles convidando-me ao almoço. Foi uma verdadeira "volta" ao Nordeste – carne de sol com farofa, arroz, feijão mulato. Diverti-me muito com os mesmos cantadores jovens do programa, um deles parecendo fisicamente um "gêmeo" de Marcus Atayde (amigo e cicerone de pesquisa em Recife nos anos 1960, um dos filhos do grande poeta e editor de cordel João Martins de Atayde)! Eles são de Alagoas e Bahia. Contei a anedota da "aventura" do "carona" de Xique-Xique até Salvador em 1966 (momento que aparece em "Peripécias de um Pesquisador 'Gringo' no Brasil nos Anos 1960"). Ra Ra. Estavam presentes suas namoradas ou esposas, uma delas uma enfermeira. Foi como os dias velhos na pensão Chácara das Rosas em Recife. Juro – me dou muito bem com esta gente!

Depois houve o "show" - Heleno dos 8 Baixos – Sanfona. Havia forró e todos dançando. Divertido. Aí comecei a pensar como iria voltar a casa. Estive "no fim do mundo na grande São Paulo" e nem sabia o nome do bairro. Aí dei o fora, peguei um táxi, pagando $11 USD até a cidade, e aí peguei um ônibus a casa. Foi uma ótima experiência estar no rádio, não por mim, mas por estar com aquele elenco popular nordestino. Estranho – porque conhecia tão bem o cordel e os cantadores, a parte que me chamou mais a atenção foi a música de sanfona e as boiadas dos "boiadores", algo um pouco diferente e novo.

Abertura do congresso na USP e sessões no congresso

Devo acrescentar que, como em várias outras ocasiões, foi a palestra minha e o congresso que "pagaram" a maior parte das despesas para esta estada no Brasil. Esta noite foi a abertura do congresso; ficou no salão nobre da USP que foi lotado; eu fiquei, junto com muitos outros, vendo e ouvindo o evento pela TV em outro salão. Nada agradável. Aguentei umas palestras horrivelmente aborrecidas. Depois houve o coquetel de abertura. Diverti-me com uns estudantes de história, só voltando a casa às 3 da manhã.

Outro dia. Fui a um lugar no centro para o congresso e tudo começou com uma vista rápida do programa. Há "convidados" como eu no Recife em 88 e João Pessoa em 89, e "os menos destacados" que leem comunicações; sou um destes últimos esta vez em uma sessão as 4:15 da tarde com nome de não sei o que é. Pois bem, o trabalho apresentado e o congresso pagaram a viagem (e não devo esquecer o que consegui fazer na EDUSP, o contrato para o melhor livro meu, até então no Brasil com Sérgio Miceli). Mas, escrevi do congresso e as palestras "BORRRRING!" Sei que não andei sozinho neste pensamento. Acho que a esta altura da carreira, aquele processo de ler comunicações, etc. já enjoava.

Vou ao Centro da cidade esta noite para o lançamento de um livro de Jerusa Pires. Imagino que verei a turma de literatura de São Paulo. Peguei carona com Biga e Zé Rubens e Ricardo – este indo ao Karatê, Biga a ver a mãe de Zé Rubens com 83 anos.

O lançamento foi na livraria "Belas Artes". Um belo momento foi um reencontro com José Aderaldo Castelo, um dos meus "heróis" intelectuais do Brasil desde os 60, com livros que respeitei. Jerusa manda que ligue para ela amanhã. Edilene Matos apareceu, e fiquei feliz a vê-la. Quebrei o galho do momento com um sanduíche de ricota e cerveja fria no pé sujo ao lado.

Estou com um mapa de São Paulo, tentando me orientar, mas, é mesmo muito difícil. Outro dia havia uma aventura tentando trocar dinheiro. Fui a um banco, estava fechado, voltei, não aceitam dólar. Peguei ônibus a um grande shopping moderno, o El Dorado, onde consegui finalmente trocar.

Michael Grossman e os cantadores

Logo fui com Michael Grossman à galeria de arte da noiva, "Artes do Interior". Ela se chama Sílvia Inês Antônio; a arte foi semelhante ao nordeste, mas, diferente.

Chega na hora de falar do "negócio" de Michael Grossman, o "Export-Import". Mas, foi um tanto complicado para eu entender tudo, o dia ao dia da firma. Depois houve um encontro bom na casa dele – vendo a coleção de "blues". O pai de Michael é Belga, chegou no Brasil antes de 1939 e ficou. Mike estudou aqui e na Columbia U. em Nova York. Ama o Brasil, mas diz que o coração está em Nova Iorque. Está fazendo algo com a baterista dos Rolling Stones e juntando a música brasileira com os desafios dos repentistas.

Mike arranjou para mim um encontro com Assis □ngelo, ícone cultural nordestino de São Paulo; faz artigos nos jornais, programa de TV, e é jornalista por 20 anos em São Paulo, incluindo o Rádio Atual. Aquela tarde ficamos bebendo cerveja em um pé sujo perto do apartamento de Assis. Trocamos estórias e anedotas de vida no Nordeste. Senti-me na "minha". Ele é oriundo de João Pessoa, mas radicado aqui. Assis é central ao movimento de cultura nordestina em São Paulo, está há anos com o programa de radio, mas, faz muitos níveis diferentes de cultura. O "ganha-pão" dele é ser assessor do Metrô de São Paulo. É um cara incrível, uma enciclopédia "viva" do Nordeste e do Nordeste em São Paulo. Ele é pioneiro e sobrevivente do Nordeste! Fez-me lembrar do velho amigo saudoso Sebastião Nunes Batista e nossa convivência no Rio de Janeiro.

Encontro com o irmão e família, parentes de Clarice Deal na ASU

Sízio Araújo, irmão da Clarice e família

Mark, Sízio e família

Falei por telefone com Araújo, o irmão da Clarice da ASU; irei vê-los um desses dias. Resulta que a Biga me deu carona e fomos em uma corrida incrível pelo autopista a Santo Amaro. Abigail dirigindo, se perdeu, e um motorista de táxi nos mostrou o caminho. Foi uma noite agradável. Cerveja, pizza. Sizinio e Teresinha. Douglas e Gláuber os filhos.

Firmando Contrato na EDUSP

Fui à USP, à EDUSP, e firmei contrato do livro com o assessor Marcelo. Sérgio está nos EUA por um mês. Acertei contas com Plínio Martins, quem realmente fará o livro. Já com título novo, eu devo mandar slides ou fotos, e uma nova "conclusão" já com o novo título, parando depois de Collor de Mello. E no fim uma página autobiográfica.

Plínio quer que venha para o lançamento. Veremos. (Não fui, não lembro o por que.) Pois, assinei 3 cópias do contrato. Eficientes e sérios! Despedida da EDUSP.

O congress de novo

Ao SOLAR da USP onde assisti a uma conferência de Darcy Ribeiro; foi parecido ao congresso de 1973 no Rio, mas, ele menos bombástico que os portugueses ou baianos.

Daí houve uma noite diferente com Mike Grossman. Sua noiva Nara é do Recife. A noite foi diferente para o "old profe" porque escutamos músicas de Buddy Guy, os Rolling Stones, Muddy Waters, e assistimos Buddy Guy em um vídeo de sessões de estúdio, na Alemanha em 1962, ligação entre os cantadores e os blues. Grossman tem contatos em Las Vegas, Mississippi, e com os Rolling Stones, o guitarrista, com Flávio e os "Blues Etílicos". Nara e sua galeria de arte – 10 anos em são Paulo, antes 20 anos no Recife. Conhece Brennand e Samico. Bebidas e blues.

Encontro com Jerusa Pires na sua casa

☐ casa de Jerusa Pires, "um vulto" do cenário intelectual em São Paulo. Ela tinha esquecido o encontro. (Eu me pergunto: foi um desses casos de "venha lá em casa?") Trocamos livros. Deixou-me consultar sua coleção de cordel, má organizada, mas ótima para os velhos romances (cavalaria). Ela não tem interesse nenhum nos acontecidos (pelo menos assim falou). Quer um artigo de 8 pp. sobre o cordel e a Segunda Guerra Mundial. Porque eu ainda não tinha publicado "História do Brasil" e o tema era importante no livro, temi plágio, ou não sei que, daí hesitei um pouco. Mas, pensei, "Posso mandar oito páginas sem revelar tudo." Havia almoço com o marido, Boris Sneiderman (Rússia-São Paulo). Depois fui trocando dólares no shopping; notei que um cheque de viagem recebe só 90 por cento do valor. No futuro devo usar "cash" e dólares. E cartão de crédito.

Eventos a seguir em São Paulo

Amanhã. USP, o congresso. A minha palestra foi programada para as 4 da tarde (hora péssima de "assistentes"). Eu cumpri as quatro e logo voltei a casa para fazer as malas e pegar o táxi a Guarulhos. Haverá muito a compartilhar.

Esta noite. Fui com Biga e Zé Rubens ao rodoviário para deixar um dos rapazes ir a Brasília. Foi na periférica e logo a Via Dutra. Depois fomos aos Jardins e "o Restaurante Canelo" para pizza, frango a passarinho, e "choppe" com Abigail e Zé Rubens. Foi ótimo! Eu cansado, dormi bem.

Quarta. Na manhã tinha ido ao congresso na USP. Não pude forçar-me a assistir às sessões; fui para a biblioteca de Letras – com ventiladores onde o calor não era tanto. Houve um almoço com um Professor de Leeds, e Professor Lehman de Cambridge. A sessão de Lehman depois foi menos interessante para mim a esta altura da carreira.

A minha sessão. Foi uma piada. Nem todos os comunicadores chegaram. Quem sim apareceu foi um assistente graduado, e mais uma pessoa – uma ativista de mulheres e pro-aborto. Trabalha com EDUSP e Plínio. Saiu tudo "bem". Eu fiquei desapontado por estar em uma sessão dos "principiantes"; batemos o papo uns minutos sobre a comunicação e "bora"!

Aquela noite havia uma corrida longa ao aeroporto onde comprei presentes e bombons e era tempo para sair.

Reflexões e conclusões, a viagem de 1996

O serviço na Varig não foi o mesmo. Nada de "folder", mapas, "tapa-olhos", chinelos, ou drinque e aperitivo. Mas, sim, uma escova de dente! A refeição foi boa, mas estive sem apetite. Há tempo agora para lembrar a viagem e refletir na mesma.

Primeiro foi o choque incrível do primeiro dia no Rio. A pobreza mais absoluta no caminho do aeroporto até a cidade e a Zona Sul. As ruas em obras em todas as partes. A vida me parecia ainda mais difícil. Sou como os poetas de cordel – "Oh tempora! Oh Mores!" ("Ah, the good ole' days"). Mas, muita coisa segue igual: o "choppe" gelado à beira da praia, o mar o mesmo. Tenho que decidir se é porque tenho 54 em vez de 24 anos! (A primeira vez no Brasil) O tráfego sim está pior, isso sem dúvida. O velho charme ainda existe, mas, sai mais difícil encontrá-lo.

Os encontros com Roberto, ex-estudante na ASU, foram ótimos, especialmente na noite do restaurante de música de Choro em Flamengo.

Mas, em geral, a música que se ouve hoje em dia no Brasil não me agrada tanto.

São Paulo. Meu Deus! A cidade é massiva e foi uma luta. Os bairros das áreas dos Jardins, Higienópolis e outros, fazem lembrar a zona sul do Rio sem a praia. As vezes foi muito difícil falar português; é questão de demasiado tempo passar. Mas, levando tudo em consideração, fiz "okay" se não bem. O melhor foi quando estive com Heitor, Sérgio e Plínio na EDUSP, e no Rádio Atual, e com os nordestinos. Mas, foi difícil em casa com Abigail e Zé Rubens e as crianças. Estranho – compreendi bem os nordestinos no almoço no centro cultural, e com todo o barulho! E quando dei minha comunicação, também saiu bem.

O assunto de Michael Grossman e Nara Roesel – não é meu mundo, mas, mesmo assim, me diverti. Ele é o epitome do "espírito livre". E nunca conheci alguém tão ligado e entusiasmado pelos "blues". E realmente, me tratou bem. Gosta de reunir interesses diferentes – US jazz, blues com os Blues Etílicos, guitarrista dos Rolling Stones, e Flávio o gaitista.

Aparte aéreo: A Varig agora vende não sei o quê depois da refeição. Virou bazar egípcio.

Abigail é pessoa ótima – trabalhadora, com um horário de matar. Zé Rubens é outra coisa, muito simpático, mas, também macho tradicional brasileiro. Ele sai de casa e vai para Mato Grosso "para pescar". Ela é deixada em São Paulo no mundo acadênio que é negócio sério para ela. Os rapazes me pareciam muito "teenager".

A última nota – profissionalmente, foi um sucesso total na EDUSP em São Paulo. O congresso na Brown causou tudo! E minha capacidade de "vender o projeto" a Heitor na EDUSP. Acho que vão fazer um trabalho ótimo. (E assim foi.) Esta vez vai ser um livro de alta qualidade; a tiragem inicial é de 1500 exemplares; eu vou receber uns 20.

Outro Aparte Aéreo: uma moça aérea neste voo é japonês-brasileira. Radia personalidade.

Houve bom contato com Jerusa Pires; meu trabalho é apreciado. O livro de Candace Slater manda com esta gente de teoria literária. É a vida.

O calor e a humidade criaram muitos problemas para mim. Vai levar uns dias a me recuperar.

Uma nota. Ri muito nesta viagem ao Brasil, no Rio e em São Paulo.

Pensando com os botões em 1997: não acho nenhuma solução mágica para as aulas na ASU. Devo fazer o cordel, mas para quem? Aparte: acho que no ano final antes de me aposentar em 2002 fiz um curso sobre ele e saiu bem, com uns bons estudantes.

Estou cansadíssimo. Passei 2 horas no avião fazendo estas notas.

Uma vez mais. Tudo me faz apreciar a vida fácil que temos e o conforto. Não compreendo o que acontece com a economia no Brasil agora. Só sei que não poderíamos sobreviver assim.

Fim da viagem 1996

CAPÍTULO VI

VIAGEM AO BRASIL 2000. CONGRESSO DA BRASA (BRAZILIAN STUDIES ASSOCIATION) NO RECIFE

MOTIVO

Será uma viagem de pesquisa, mais uma vez, a última com "air pass" do qual me aproveitei muito e com muita sorte.

O voo

Saída de Fênix pela Delta, ano 2000

O avião para o Rio é o MD – 11, avião gigantesco, e agora no começo do voo finalmente sinto um pouco de entusiasmo para a viagem. A Delta foi boa esta vez, igual à Varig - um drink, salada, arroz, bife, bolo de chocolate e cafezinho, tudo bom.

Dormi pouco e fomos acordados bruscamente as 4:30 (hora de Fênix) para o café da manhã. Havia uma demora de 2 horas no aeroporto de São Paulo, mas chegando ao Rio – a poluição normal estava misturada com a névoa, luz verde na alfândega, trocar 20$ e "frescão" ao Hotel Califórnia Othon.

Chegada a Copacabana e primeiros dias no Rio

O ônibus era de sempre, o autopista novo passando por São Cristóvão, Rio Branco, Candelária, Santos Dumont, Glória, Flamengo, e zas, Copacabana!

Copacabana, a chegada

O hotel foi bonzinho. Exausto do voo, tentei dormir, mas, há barulho do jogo de tênis com Guga da TV saindo de não sei aonde no hotel. Caminhei um pouco na calçada da Copa. O quarto era só razoável; vi o jogo dos Lakers na TV.

Liguei para o ex-estudante e amigo Roberto Froelich, mas só deixei mensagem. Liguei para a esposa do velho amigo Henrique Kerti (falecido), Cristina Kerti; parecia feliz saber que estava eu na cidade. Novas: Letícia se casou com Rodrigo Pérez (filho de Glória Pérez, mãe de Daniella de fama de Jasmim na novela "Corpo e Alma" da TV Globo). Dirige o restaurante na Barra e quer que vá eu para ver Letícia e Rodrigo.

Como sempre me choquei com a mudança de lugar: o Rio é gigantesco, o tráfego de assombrar; eu me senti quase como fosse a primeira vez. A Copacabana parecia a mesma; senti-me como "gringo". Achei meu "ponto" de comer - o velho Braseiro (no mesmo lugar desde 1957). Jantei um bife, vinagrete, batata frita e cerveja. E logo o ótimo cafezinho ao lado.

Keah, mais uma vez, estou querendo que você esteja aqui; o Rio poderia ser bom se estivesse por um fim de semana longo. Mas, não sei se você se sentiria cômoda. Há de ser paciente. Saudades. As fotos ajudam.

Sábado. Dormi até as 8:30 e aí começou o barulho – o pessoal martelando lá fora da janela do hotel. O café de manhã é bufê – café com leite, Queijo de Minas, abacaxi, suco de laranja, e pão francês. Caminhei à casa de Roberto; mas ele não estava. Caminhei ao ponto da pedra no Leme – olhando os pescadores. Bati papo com um cara que esteve 30 anos em Amazonas, crítico feroz dos EUA (a mesma linha dos 1960). Disse que Chico Mendes "não trabalhou nem um dia na vida".

Um desvio à Rocinha

Um "choppe" na praia. E aí houve uma aventura. Peguei o ônibus "Leme-Gávea" o 592 querendo chegar para o fim de Leblon. Percorreu Botafogo, Jardim Botânico, o Jóquei Club e aí dobrou à direita e começou a subir a ladeira. Dobrando curvas para cima, sempre subindo até lá em cima da Gávea, e em cada parada o pessoal mais preto! Acontece que passei pelo meio da ROCINHA, a favela mais infame do Rio! Consegui me manter calmo (junto com o anjo de guarda), trocando de ônibus logo na descida, aí passando pelo Túnel Dois Irmãos, Leblon, Ipanema e a volta a Copacabana. Rocinha em um dia de sol parecia pobre, muito movimentada e me parecia o epitome do cenário da escola de samba mesma. Não há nenhuma foto, mas, acho que vou lembrar!

De volta ao Braseiro para o contrafilé, fritas, farofa, vinagrete, duas cervejas e expresso. Mas, o estômago vai mal, dois "Pepto Bismal" já.

Tirando uma sesta. Roberto Froelich ligou e vamos nos ver esta noite.

E Cristina Kerti ligou – vamos ao restaurante amanhã de noite. (Amanhã é Vasco versus Flamengo, a cidade está fervendo.)

Encontro com Roberto e o "Western Canon"

Roberto Previdi Froelich, "The Western Canon"

Roberto veio ao hotel; fomos ao Sindicato do Choppe onde ficamos até 3:30 da manhã! Canja de galinha para mim. Mas, o encontro foi ótimo. Meu melhor estudante de português de todas as épocas foi para o Brasil e ficou! Tem 38 anos agora, mas, parecia o mesmo. Um português incrível. Faz traduções técnicas e ensina inglês para executivos. Mora no mesmo lugar. Tem namorada – a Fátima. É "spiritual", mas não religioso, crente na reencarnação (Roberto depois se virá espiritista de alma do Kardecismo!). E o Budismo. É agora realmente um intelectual pela vasta leitura. A família saiu de Fênix e mora agora em Houston. Falamos de tudo – os dias velhos na ASU. Na literatura Roberto já é fã de Harold Bloom, um "anticrítico" da Harvard que condena toda a crítica literária nos EUA no seu livro "The Western Canon".

Ver as notas para o resto. São sumamente interessantes. Roberto contava muitas fofocas da ASU e as imitações que Roberto fazia de todos nós os professores. Resultado – o Padre Mazza da "Saint Louis University" teve razão; sou o epitome do inocente.

Aparte: Ferve a cidade hoje; é o Campeonato Carioca. Vasco versus Flamengo. Roberto diz que iria ao estádio (o Maracanã) se não fosse pela violência. Lembro que fui ao mesmo campeonato em 1966 com Henrique Kerti, a primeira vez no Maracanã. Ver: "Peripécias de um Pesquisador 'Gringo' no Brasil nos Anos 1960".

Fui com Roberto ao São Cristóvão. A feira já consiste principalmente em barracas de forró e cerveja, todas elas concorrendo com um barulho terrível. A feira era muito diminuída em tamanho, com menos "caráter" nordestino (é isso o que os estudiosos chamam da "descaraterização" da feira). Só havia uma barraca pequena de cordel, de Expedito da Silva e o filho Erivaldo. Saí da feira pensando em nunca mais voltar. Há grandes ramificações para mim, como é de imaginar. Era o fim de uma era. Povão e pobreza.

Altos e baixos, eu me senti tão mal do estômago e me desculpei do encontro com Roberto mais tarde aquele dia e fui ao hotel para tentar descansar. Havia emoções negativas depois da visita à Feira – pensei em deixar a pesquisa do cordel e ASU e fazer alguma coisa totalmente diferente na aposentadoria. O desafio é adaptar-me a esta nova realidade – fim da era do cordel (pelo menos assim pensei em 1990).

Cristina ligou e vai me apanhar para ir ao restaurante. O status do meu estômago não é bom, veremos. E estou com compromisso para almoço na casa de Roberto amanhã com COMIDA BAIANA!

Encontro com Cristina Kerti e a família

Mark, Rodrigo, Letícia e Cristiana no restaurante na Barra

Cristina me apanhou às 10. Dirigimos muito tempo à Barra (aquele Rio novo e de luxo para a classe alta). Passamos pela Copacabana, a Lagoa, três túneis, ao São Conrado e finalmente a Barra. Tudo parecia prédio alto (condomínios), shoppings e "Made in USA". No restaurante conheci Letícia e Rodrigo. Contavam estórias do estágio de Letícia em Oklahoma (AFS). Está pronta para fazer exames em Direito. A amiga de Cristina, Marta, é advogada de defesa criminal na cidade. Rodrigo é advogado também. O restaurante é uma churrascaria: comemos palmito, batata "romanoff" ótima, picanha, "choppe" e "banana flambé". Lembramos um pouco o passado, vi fotos do casamento de Rodrigo e Letícia. Tinha muitas "Madrinhas" e tomou lugar em uma igreja velha na cidade, o altar de prata, a mesma igreja onde Henrique e Cristina se casaram. A recepção foi em um hotel bonito. Cristiano, o irmão de Henrique, fez o papel de pai da noiva, em vez de Henrique. Cristina diz que ainda está recuperando do custo de tudo. Queria saber de meu novo projeto e Daniella Pérez. Mostrei fotos de você e Katie; eles queriam saber por que vocês nunca chegam comigo? Na próxima vez! Acredita! Iisto é outro mundo. O estômago sobreviveu. Descansei bem, acordando as 9:30, indo à cama a 1 hora da manhã. Cedo!

No outro dia, não sei aonde, tomei o café da manhã na Copacabana – ovos fritos, suco de laranhja, pão e manteiga, bom café com leite. Dia lindo, fazendo sol, mas sem muito calor.

Resultado: Flamengo 3, Vasco 1

Almoço na casa de Roberto. Estômago mais ou menos. Arroz, feijão preto, peixe frito e salada. Bom papo com Roberto; ele realmente conhece agora a literatura, acha pomposas as teorias dos "altos críticos". Gosta de Harold Bloom e seu "The Western Canon". Falamos das obras principais de Espanha e o Brasil. Está aberto a ver o valor do cordel; prometeu levá-lo a serio. Falei muito da tese de futuro livro meu, "Retrato do Brasil em Cordel," e ele gostou.

(Devia ir à casa de Glória Pérez, mas a TV Globo a chamou – um alarme, um sequestro de um ônibus e todos os seus passageiros em Jardim Botânico, tudo ao vivo na TV, drama de crime nacional!) Em compensação, Roberto me converteu a me interessar mais no futebol brasileiro. Admito que o tenha ignorado. O mais importante, saí me sentindo bem da amizade, meu trabalho e minha contribuição ao Brasil.

Depois foi minha última vez ao Braseiro – galeto no espeto, arroz e legumes. Ainda um favorito no Rio. Escrevi, "Tenho desconhecido todos os grandes restaurantes culinários do Rio em todos estes anos. Nada de remorso"!

Levantei cedo, dormindo pouco, por nenhuma razão, (stress, a logística da viagem?) Café no hotel, paguei a conta, e arrastei a grande mala para o outro lado da Avenida Atlântica a pegar o "frescão". Muita gente fazendo "Cooper", o velho regime de exercício trazido ao Brasil pelos Ingleses! Em 20 minutos chegou o ônibus, e a corrida foi devagarzinho através do Rio até o Galeão.

Conclusões da estada no Rio

A cidade era a mesma de sempre, acho. Keah, se você estivesse comigo, aí estaria melhor. Leva tempo acostumar-me de novo à cidade que é enorme. Fiz muito durante os 4 dias, mas o tráfego e a poluição são terríveis. E, tenho a impressão que o Rio é uma cidade que vive com medo. A gente pode ignorá-lo e realmente tens que ignorá-lo.

Roberto é de assombrar- realmente já virou carioca; o caso de mais êxito de estudante meu através os anos. Não tem medo do Rio (resultado de seu Budismo). O pessoal em Leme o chamou de primeiro nome na rua! (Devo levar em conta que só uns anos depois terei o prazer do reencontro com Larry Johnson, outro grande "sucesso" entre os meus estudantes, mas um tanto diferente – o mundo dos negócios!)

Por outro lado: O Rio está fazendo um grande esforço para se manter como "Cidade Maravilhosa" – as calçadas são limpas; o pessoal leva saquinhos para os cachorros. Há vida na rua, nos bares, nos cafés e restaurantes, parece que o pessoal está se divertindo na rua. Mas, eu me achei querendo a calma, o silêncio. E me pergunto se o crescimento do Rio poderá continuar? Roberto me chama de "antiquário" e sou mesmo. O meu mundo aqui no Brasil, menos o "cânon" de escritores tradicionais, "Já era". Também a música. As favelas aumentam; as ruas comerciais são sujas.

Tenho a impressão que os ricos moram no luxo, mas como presos, atrás de muralhas, com guardas, para que os criminosos ficassem fora!

Mas, a praia, o futebol e o carnaval continuam!

Saindo do "Novo" Galeão – antisséptico 100 por cento – me parecia quase como um aeroporto "virtual". "O Brasil, terra de contraste", não é "cliché".

Penso que o meu livro "Retrato do Brasil em Cordel" não vai descrever só o Nordeste ou o cordel; vai refletir um lugar, um tempo, uns valores, e um momento (um século) na história. Realmente é um retrato, certamente não de um paraíso, mas, em um sentido, um mundo melhor do que agora. "Oh Tempora! Oh Mores"! "Things were better before"! – assim falam os poetas!

Tive a última poltrona no avião e quase que vomitei da pizza que a Varig serviu (antes era bife e bom). Iimpressionou-me o avião – que limpo, que próspero, que não-Brasileiro parecia.

Chegando a Salvador

Desde o hotel na Barra, Bahia

Posto de sol na Barra

Que prazer ver o horizonte sem poluição, o céu azul e a costa de Salvador. Peguei o velho "frescão" ao meu hotel, seguindo a orla, tudo muito familiar. De notar: Custou 2,1 reais pelo "frescão" (um taxi seria pelo menos 50). Senti-me na velha poltrona e gozei a corrida. A água do mar lindo, mas não como o verão. Estive assombrado com toda a nova construção na orla. A baia linda como sempre.

Estou no oitavo andar com uma vista linda da praia da Barra (lembrando os dias de1966). Nadei na água fria do hotel por 20 minutos e me aliviou muito. Não estou disposto ir à praia mesma ainda. A refeição foi de serviço de quarto, gostosa e não cara. Comendo sozinho no restaurante não dá.

Falei com Carlos Cunha na Academia de Letras da Bahia, parecia feliz ouvir a voz. Marcamos amanhã; ele já querendo que vá a um lançamento. Veremos.

Bom papo pelo telefone com Mário Barros; os verei o sábado – praia, almoço. Keah, se estiveste aqui, faríamos turismo, shows ou um passeio às ilhas. O mar é lindo.

O filho de Mário e Laís, Eduardo está em um "trek" de seis dias a Diamantina - uma caminhada de 75 quilômetros e dormindo em uma tenda de campo. Laís está fazendo exames na universidade – terapia familiar.

Quarta-feira. Dormi mal. Um dia louco. Bom café na manhã – iogurte de coco, abacaxi, ovos mexidos, pão e café com leite.

"□ toa" em Salvador: o largo de São Francisco, a Fundação Casa de Jorge Amado

O Largo de São Francisco, Salvador

Mark com o frade franciscano

Ônibus "executivo" à Praça da Sé; a cidade parecia tão encantadora como em 1966 - Vitória, Campo Grande, Piedade, em fim, a cidade alta. Sem poluição e não tanto calor. Fui aos "velhos lugares" – ao Terreiro de Jesus, e depois houve uma visita longa na São Francisco – me senti calmo e apreciei tudo. Houve um papo longo com Frei Reinaldo, de uns 60 anos. Falamos dos Franciscanos, os Domínicos e os Jesuítas, e a história do Brasil. O historiador da Igreja de São Francisco se chama Frei Hugo. Há pouquíssimas vocações novas; e perturbam os tambores e barulho de Olodum de noite. Mas, ele mantem a visão São Franciscana, e, o admirei por isso. Os slides que tirei através os anos estão sem preço – a razão – não se pode tirar dentro da igreja agora (isso mudaria com as câmeras digitais em anos futuros). Houve tempo para refletir e orar.

No Pelourinho em frente da Fundação Casa de Jorge Amado

Logo fui à Fundação Casa de Jorge Amado, e houve um bom papo com Myriam Fraga, dando-me presentes de livros da Fundação. Olhei para todo o acervo da Fundação, as coisas de Jorge. Ele agora está com 88 anos e anda doente, não recebendo ninguém (e ela me contou, anda um pouco deprimido). O bom foi que tivessem já o livro meu de 1990 sobre Cuíca de Santo Amaro; eu me senti parte de algo importante, e fiquei emocionado. Valeu a pena não só fazer a pesquisa e o livro, mas, também a luta longa de imprimi-lo.

Edilene Matos tem um livro novo sobre Cuíca – bem ilustrado, mas, não tira nada do meu. De fato, o meu compara bem.

Azulejo histórico, Real Gabinete de Leitura Portuguesa, Salvador

Almocei em um dos velhos restaurantes do Pelourinho com uma vista da baia de Salvador. A Bahia de Jorge. "Percorri" os livros da Fundação, tempo calmo, tempo para lembrar o passado. Eu me diverti – as saudades, a nostálgia de tempos idos. Keah, foi um processo de "pesar" os esforços do passado e estou feliz. Fiz realmente uma contribuição à vida intelectual em Salvador, e de assombrar, sendo estrangeiro! Convenceu-me tudo isso que tenho que prosseguir com "Retrato'"

☐nibus ao hotel, e falei com o amigo Mário. Mais uma vez tentei ligar para Cunha; jantei sozinho ao lado da piscina, bife, farofa, molho à campanha, cervejas e li meu livro novo de "1000 piadas brasileiras".

Outro dia, andanças em Salvador

Levantei cedo, fui à Praia da Barra, logo havia uma caminhada e papo com pescadores.

O Elevador Lacerda frente à baia

"Frescão" à Praça da Sé. Elevador Lacerda à Cidade Baixa (cinco centavos), Guaraná no velho restaurante em cima do Mercado Modelo. Há uma barraca de cordel, mas não tem nada de novo!

Anedota da viagem! Um moleque trabalhando em um projeto de construição na veranda caminha pelo restaurante inteiro com o motosserra arrancado a toda velocidade"!

O transporte é bom se vais com "frescão" e ar condicionado, e fora da hora do "rush". Eficiente, e sem engarrafamento.

Novo encontro com Mário Barros

Estive com ele antes em 1990 ou 1996. Ele se vê bem – com 53 anos. Todo o papo foi em português (ele se acostumava antes de falar comigo em inglês, algo que acho totalmente normal para ele). A Formac foi embora. Ele agora trabalha como consultante; vende sua esperteza cobrando pela hora. Trata-se de aquisições de pequenas firmas familiares por grandes firmas com capital no estrangeiro. Acaba de fazer um negócio com uma grande firma de petróleo (a oitava no mundo) que vende "seismic devices".

Também arranjou contrato com uma firma na China a fazer negócios no Brasil.

Odeia viajar ao Rio e a São Paulo, mas, é preciso e vai muito.

Ele: Salvador é relativamente bom de segurança. O povo tem tempo bom, a praia, futebol, e as comidas básicas. Recife é um pouco pior, mas, o Rio e São Paulo – uma fossa!

Laís está na PUC estudando terapia familiar; em 3 ou 4 anos querem lançar um negócio, um consultório dela.

Seu exercício – caminha 15 quilômetros na orla durante 3-4 horas. O pai estava doente, mas depois de muito tempo de tratamento está bem. Sua mãe – está boa, mas com problemas de velhice.

Eduardo – na "sua" com o "trekking"; vai lançar WWW site para artistas (pintores) de Itapuã, recebendo uma porcentagem das vendas. Fez sociologia e gosta mais do cenário cultural do que os pais; quer morar mais perto da cidade.

De passagem, há planos para fazer um novo "Cancun" ao norte de Salvador. Ai.

Mário, sem remorso por viver em Pedra do Sal, longe de tudo, mas calmo. Emprega a internet e o celular para fazer os negócios.

Falei de você, Katie, e a ideia de me aposentar em 2002.

Mário diz que ganha bem, mas tem que depender das "reservas". Não é tão fácil viajar como antes; os tempos estão mais difíceis.

Meu hotel está bom; melhor do que o Bahia de Sol de antes. Posso andar na calçada da Praia no Porto da Barra. Poderíamos ficar aqui uns dias. O Pelourinho durante o dia está bem controlado pela polícia; não tenho medo.

A Igreja de Conceição da Praia e outros momentos

Nossa Senhora da Conceição, Salvador

Esqueci. Algo novo. Finalmente, depois de todos os anos, hoje de manhã fui e conheci bem a Igreja da Conceição da Praia na Cidade Baixa, a matriz das igrejas na cidade. Calma e boa para a alma.

Na noite: mais uma vez, jantar junto à piscina com minhas "1000 piadas", papo com um senhor de Pojuca da zona de petróleo no Brasil. TV besta – o mesmo velho Brizola!

Sexta na manhã. Caminhada longa pela praia ao Cristo Redentor, 40 minutos. A água linda, pássaros, "tide pools", o melhor da Bahia. Tempo fresco. Banho e "frescão" à cidade.

Mário, Carla, Laís Barros

Anedota dos Barros – a cozinheira de há 20 anos – a irmã dela foi cozinheira para o Papa! E depois para um grã-fino em São Paulo.

Anedota de vida na Bahia: Conhecem muitas pessoas que foram roubadas dentro do carro – "car jacking". O ladrão manda ir para a ATM. Uma vez, o ladrão mandou isso, saiu do carro para o roubo, e o dono, dirigindo, foi embora. Gargalhada.

Mário vai para Venezuela, negócio de cliente de petróleo, mas odeia Caracas, "uma Bahia pobre".

Parece-me que todos em Salvador usam celulares, inclusive os pobres!

Carla está com BSBA e um bom trabalho, mas Mário acha que a economia é instável. Acha que o futuro será a internet: um cliente na Europa faz uma compra, um agente nos EUA faz o produto. Tudo é "Off-shore". Assim, sem impostos. Parece que tudo assim será uma "foto" do mundo dos negócios a vir no Brasil.

A chegada ao Recife e o congresso da BRASA ("Brazilian Studies Association") ano 2000

Hotel no Recife, Praia da Piedade, Congresso da BRASA

No hotel vi a Idelette Mozart, a pesquisadora francesa, ela dizendo que era um prazer me ver de novo. A vista é linda desde o hotel e tem todas as amenidades. Uma gripe feroz começou a primeira noite no Recife. Pode ser a mudança de clima, mas o amigo Roberto estava no fim de uma gripe no Rio e Laís no meio em Salvador. Em compensação o estômago está bom agora, por enquanto ...

Vi Ricardo Paiva da Georgetown e Jon Tolman, brevemente. Paiva me pede um discurso breve de introdução amanhã durante o almoço (falarei mais depois – foi uma farsa.)

Comprei ampicilina, aspirina e "Cepacol". Não quero perder o voo na sexta (lembre os 85 graus em Miami!)

Morrendo de frio pelo ar condicionado no lobby e no quarto, mas, baixei-o no quarto e está bem agora.

A abertura do congresso

Todos nós em ônibus ao novo "Centro de Convenções" do Recife na Cidade Universitária – o salão uma frigideira, estive com a jaqueta abotoada até a garganta! O primeiro discurso foi de Marcos Accioly – escritor e jornalista, orador número 1 aqui depois do Ariano Suassuna. Foi o barroco brasileiro (lembre o congresso de 1973).

Depois tocou o Quinteto Violado (de fama nos 1970) – foi excelente, um show com danças regionais, mas o volume 10 X o normal. Tive que sair devido à dor de cabeça e o frio. Mas, fizeram o meu favorito de todas as épocas – "A Disparada" de Gerardo Vandré (1967, festivais de música na TV, Chico Buarque, Jair Rodrigues, Nara Leão, etc.) Tocaram também uma parte da Missa do Vaqueiro. Mas, com dois "sets" de tambores e volume ao máximo – são os tempos! Notei que Ariano saiu depois de 2-3 músicas. Surpreendido eu que a maior parte dos congressistas ficasse até o fim.

Nova amizade. Tive um bom papo com Edson Oliveira de São Paulo, comemos "crepes" e cerveja. Estudou os Índios Xavantes e fez traduções deles. E conheci o Jackson, sociólogo de Ceará. Mas, eu forçando tudo com uma garganta terrível.

Café da manhã – na mesa com Thomas Brueneau de Monterrey Naval e um professor de Stanford. Thomas esteve aqui de bolsa de estudo em 1967, "The Political Transformation of the Brazilian Catholic Church". Estudou o papel de Dom Hêlder e Padre Leonardo Boff.

O médico e o almoço

Passei a manhã no quarto preparando a introdução ao Dr. Jair Figueiredo, urologista de Natal, um "expert" no cordel segundo Paiva! "You go with the flow". Ele se acostuma abrir congressos de médicos com folhetos de sua autoria sobre o AIDS. Os folhetos estão distribuídos pelo estado, uns 800.000! (Cifra enorme e verídica). (Houve coisas parecidas e bem menores no cordel dos 60, folhetos patrocinados sobre a tuberculose, etc.) Pode imaginar eu falando com os botões comparando isso com o cordel verdadeiro dos pobres poetas finados!

Foi uma situação horrorosa na qual me encontrei. A palestra do médico devia estar durante o almoço. Acontece que ninguém realmente se interessou. O microfone foi um desastre. Eu realmente me senti com vergonha tendo a ver com isso. Mas, durante o almoço tive um bom papo com Francisco de Mattos, estudioso já conhecido da UFEPE; conheceu-me pelo trabalho. Esteve na Universidade de Arizona e em Tempe e conheceu meu trabalho sobre Ariano Suassuna.

Um novo ponto baixo – a garganta estava tão mal que tentei remediar com aspirina e quase que vomitei. Está só um pouco melhor agora. Não sei se vou chegar a poder falar amanhã. Canja de galinha no quarto esta noite, e suco de laranja, enquanto escrevo estas notas. Amanhã será um dia importante e de "stress". Devo almoçar com o grupo e com os Suassuna.

Inscrevi-me para um "city tour" amanhã; é tudo que posso aguentar com a gripe.

Li o cartão de "Dia dos Pais" de você, aí uma lágrima ou duas. Eu me sinto muito amado; e espero sentir-me igual nos próximos 25 anos.

Terça, 20 de junho. Acordei às 6 da manhã. Bom café no "Quebra Mar' e as sessões. Acontece que Ariano e a esposa Zélia vieram. Como ele aguenta tudo no congresso não sei, mas, ficou o dia inteiro.

Outro dia - primeira sessão.

Uma professora biruta de Minas começou tudo – falava sobre uma pintura de Ariano e um poema dele – escrevi, "Ela está com diarreia da boca – já todos nós andávamos uns 20 minutos atrasados na sessão".

Depois houve um professor ótimo de Rio Grande do Norte – falou muito bem sobre Suassuna.

Depois, Idelette Mozart – de primeira categoria intelectualmente. Aparte: está fazendo um estudo do mesmo tema do meu "Bramundo" (futuro capítulo de "Retrato") – achou todos os textos da Guajarina em Belém. Quem ou quê sairá primeiro? Mas, estava ótima comigo. Um português lindo. Tem um livro sobre Ariano e o Movimento Armorial.

Minha sessão – Ariano Suassuna apreciando

Minha sessão aí começou. Uma senhora de Buenos Aires falou de uma má tradução do "Auto da Compadecida" e a sua própria que se entende melhor. Houve uma pequena briga com a coordenadora da sessão sobre o tempo gasto – ironia – a coordenadora foi a mesma que falou tempo demais na primeira sessão.

Mark palestrando, Ariano Suassuna apreciando

Eu tinha tomado uma decisão a noite anterior – a palestra planejada (a maior parte) teria sido interessante no papel, mas, não oralmente. Daí escrevi anedotas do estágio de pesquisa de 1966 no Recife, em forma de homenagem ao Ariano. Ele e Dona Zélia estavam na primeira fila no salão. Fiz tudo só com notas – de maneira extemporânea- e foi um barato! Tremendo sucesso! Idelette falou depois "Jogue para fora a palestra original e me escreva 20 páginas do que fizeste hoje". Todos rindo e caindo na gargalhada. Ariano feliz, sorrindo e aplaudindo! Porque me parece divertido, talvez aproveite da sugestão da Idelette (de fato o faria por outro motivo depois em 2001 em São Paulo). Pensei: este talvez seja um tema para o ano que vem, ou até na aposentadoria. Mas, falando humildemente, adoraram a palestra. Foi original, e ninguém pode roubar ou plagiar. Veja as notas – contei das viagens dos primeiros dias no Recife, o ateliê em Olinda, a Chácara das Rosas sem rosas, o Mercado São José, o "gringo inocente" ao interior, em fim, as peripécias. Logo depois, pensei em um possível título para o novo texto: "Diário de um Americano Brasilianista no Brasil". Senti-me pioneiro estrangeiro de estudo de cordel. Estudioso como João Guimarães Rosa - cadernetas na "algibeira" - sempre tomando notas e escrevendo diários das viagens. Falaria no livro dos brasileiros famosos que conheci. Por primeira vez, há tempo, realmente me entusiasmei com uma ideia de pesquisa, tudo devido a reação da platéia na sessão. Foi de muita alegria. Junto com a palestra em 2001 nos "100 Na os de Cordel" em São Paulo esta seria a mais memorável da carreira! "Things seem to work out". De 2000 para diante, muita coisa vai acontecer até o final da carreira! Esta ideia em particular será utilizada em São Paulo em 2001 e ainda melhor no livro "Peripécias de um Pesquisador 'Gringo' no Brasil nos Anos 1960" anos depois nos EUA.

Zélia e Ariano Suassuna

Mark, Zélia e Ariano Suassuna

No almoço, fui sentado de frente de Ariano e Zélia e Idelette. Veja as fotos. As palavras de Ariano, de novo, "Agradeço muito. Eu devo muito ao senhor". (Refere-se às citações dos poetas de cordel do meu livro de 1973 na "Pedra do Reino").

Pensei em 2000: mantenha a saúde, boa dieta, exercício. Já tenho projeto e ideias para o futuro.

Lembrei-me dos temas dos livros já escritos, mas, foram as anedotas como estas na palestra no Recife em 2000, anedotas através os anos compartilhadas com os estudantes diariamente no dia ao dia na ASU -- foram estas que tiveram mais sucesso. E na mesma linha, Colômbia, Guatemala, México, Portugal, Espanha e o Brasil se viraram realidade para os estudantes. Serão a base de vários livros no futuro na aposentadoria.

Na tarde, sessão de vídeo de Ariano Suassuna

Filme sobre o Movimento Armorial. Aprendi muita coisa nova. Ariano já é "figurão", "vulto", e "instituição" em Pernambuco, e até no Brasil. Como Gilberto Freyre antes, mas muito mais amado! Desde os meus dias primeiros com ele nos 1960 já tem fama de poesia, pintura, o Movimento Armorial, e as aulas "espetáculo".

Note: escrevi em 2000 os nomes de projetos para o futuro: "Bramundo"/ Retrato/ Brasilianista no Brasil/ Antologia em Inglês/ e, "The Farm". Em 2009 tudo estará feito. E agora, Marcos?

O filme. Foi feito com Ariano em 2000 ele já com 70 anos; foi sobre o pai dele, a juventude na fazenda Acauã, as cavalgadas e armorias, os "brands" de gado empregando novo alfabeto no Movimento Armorial. Ele agora está sempre ligado ao cordel pelo "Auto da Compadecida".

Falei disso em 1969! Ai! Acho que fui o primeiro. Por quê? Porque o cordel sofria um terrível preconceito no mundo intelectual e os "grandes" não quiseram mexer com ele. Menos Ariano e Jorge Amado. Pois bem, eu o escolhi e escrevi a tese – é difícil explicar! Naquele então de 1966-1967 só ARIANO se dava conta do que escrevia eu. E talvez encorajasse o pequeno livro de 73 porque via uma coisa boa, que estabeleceria a imagem DELE. E agora sempre fala da ligação.

Depois no filme veio "Uma aula espetáculo" que Ariano fez em Brasília. Ariano está na "sua" – piadas, anedotas, ilustrações de arte, e, o melhor, não fica nada hóstil a outras formas de arte, mas querendo manter "ferozmente" "o que é nosso"!

Pensei: eu estou totalmente de acordo. O Brasil hoje em dia está totalmente deturpado na "mass media", TV etc.

Aí falei com os botões: "Não perca a fé no cordel como herança popular". O velho cordel "já era", mas, eu posso compartilhá-lo a meu modo e melhor do que muitos.

Anedota: um senhor do Ceará me contou em conversa particular – quando era jovem, todos estavam de noite com cadeiras na calçada fora de casa esperando alguém que pudesse ler um romance ou folheto. A aí veio a TV.

Aquela noite: lanche de um bar no café em frente do hotel, e logo no quarto com TV, ainda me sentindo fraco e mal.

Amanhã tentarei assistir uma ou duas sessões se me sentir bem. Mais um almoço a aguentar. Estou comendo pouco.

De lado. Vi o Charles Perrone no congresso, uma estrela que sobe entre os "Brasilianistas". Também Chris Dunne de 1994 e Brown (este irá a Tulane), mas, já perdi conta de todos eles. Ou quase, Perrone não; é grande na carreira (me escreveu uma notinha à mão quando estava começando em Texas e acabando de ganhar uma "Bolsa Fulbright" para o Brasil, um novato pedindo conselhos.). Falo isso só para notar as diferentes "gerações" de pesquisadores.

Turismo no Recife e Olinda e "Sá Grama"

O Hotel 4 de Outubro, o Recife

Mark, o "modelo" de Lampião

Na tarde eu e Edison Oliveira tomamos um "piruá" ao velho centro do Recife. Acho que passaram 30 minutos antes de eu reconhecer alguma coisa de 1966. Isso é devido ao fato que a Piedade e o hotel do congresso são no final na velha Boa Viagem. Finalmente chegamos ao Conde de Boa Vista e Guararapes, a Rua Imperatriz e Rua da Aurora (onde frequentei todas as livrarias em 1966-7.) A Rua da Aurora à beira do Rio Capibaribe agora é renovada, pintados os prédios, linda, como o Pelourinho novo na Bahia. Os historiadores se queixam, mas, é mesmo mais simpático. Os mendigos doentes da ponte velha foram embora para a "limpeza da cidade". Já não há mendigos esfarrapados com as vendagens nas pernas. Mas, a área kestá cheia de camelôs – com milho cozido, tapioca, beiju.

Caminhamos à beira do Rio a minha área antiga – o Restaurante Leite onde João Pessoa foi assassinado em 1930 e o Hotel 4 de Outubro onde passei a primeira noite em Recife em 1966! Logo fomos à Casa de Cultura – a velha penitenciária de fama de seu preso mais famoso – o Antônio Silvino. Só uma senhora tinha cordel em sua barraca com dois folhetos novos. Ela diz que a Casa da Criança em Olinda ainda tem. Edson Pinto do Mercado de São José dos anos velhos meus morreu há dois meses. Não há razão de ir ao Mercado de São José. Triste. Ver as fotos de Edson e eu, e as caricaturas de Lampião.

Pegamos táxi a Olinda procurando a Casa das Crianças, lá nos altos de Olinda, árvores antigas, mas a achamos no maior abandono. Acontece que Delarme Monteiro durante anos tinha uma imprensa pequena de cordel aí; ele morreu há dez anos. Uma senhora velha me disse que havia uns folhetos velhos ainda, mas, todo foram comidos pelo cupim! "End of a wild goose chase".

Olinda, vista do Mar

Fizemos uma caminhada ótima pela velha Olinda, à Igreja do Amparo (onde falarei mais do concerto aquela noite), e depois à Olinda dos anos 1600. Acho que passamos pelo velho Ateliê onde passei os primeiros dias em Recife em 1966. Um Aparte: Nosso cicerone no próximo dia, Antenor chefe do plano da UFEPE para a renovação de Olinda, falou que Tiago Amorim, já com 56 anos, trabalhou para ele, como conselheiro de juventude para as drogas. Ele foi o artista principal do ateliê em 1966.

Subimos um dos morros, aquele com aquela vista do Recife de longe, linda. Depois ao Bar "Cantinho" onde passamos duas horas muito bem, tomando cerveja com Viviana (filha do crítico literário Alfredo Bosi). Ela é professora assistente de teoria literária na USP. Tem duas aulas, cada qual com 100 estudantes e marca todos os papeis! Passou um mês no fim do mundo de Ceará, outro no Amazonas, e ainda mais em uma cidade pequena, lecionado. "She has earned her stripes." Foi ótima comigo.

Sérgio Campelo, "Sá Grama"

E depois, houve uma das noites mais aprazíveis dos últimos anos no Brasil. Foi o concerto do grupo de Sérgio Campelo na velha Igreja barroca do Carmo em Olinda. Imagine um altar pintado de ouro, igreja barroca do século 17 e música totalmente acústica. O grupo era de mais ou menos 10 pessoas, todos treinados na música clássica, mas, tocando composições originais do Campelo e música regional nordestina em instrumentos também regionais. Havia ele, 3 ou 4 flautas, e pífano (de madeira). Fez-me lembrar da música que ouvimos em Colômbia em 1975 no café de San Agustín, perto das ruínas, a banda que tocava lá fora do hotel à noite. Uma das moças foi ótima na flauta, o pífano e na voz "solo". Havia clarinete e viola (de 10 cordas, 5 duplas). E um bom violonista clássico. Marimba, contrabaixo e percussão. Elegante! Fiquei emocionado, a única música "decente" (ao meu ouvido) que tenho ouvido desde a chegada nesta viagem. Mas, foi mais do que isso – ficou entre a música mais predileta minha de todas as épocas no Brasil. Havia composições originais, mas todas baseadas na música folclórica nordestina. A TV Globo fez uma minissérie sobre Ariano Suassuna e este grupo fez a música. Deram-me de presente seus CDs devido ao meu trabalho com Ariano.

Volta ao hotel, Recife um banho sauna, tomei banho, exausto. Amanhã será o ultimo dia em Recife.

Visita a ateliê de Francisco Brennand

Antigo engenho de açúcar, ateliê de Francisco Brennand

Mestre Brennand e admiradores

Quarta-feira, 22 de junho. A manhã. Quase todos os congressistas fomos em ônibus ao sítio de Francisco Brennand (artista desde os 60, colega de Samico e Suassuna). É um museu-monumento a ele! Acho que fui ao seu estúdio em Olinda nos 60; uma de suas pinturas está na sala da casa de Ariano. Mas, virou um grande sucesso no mundo de arte, dentro e fora do Brasil. O Professor Jon Tolman me falou que acha que recebe até $ USD 500,000 por obra. Pode ser? Ver as fotos do lugar.

O almoço no congresso e a saída do Recife

Almoço em Olinda, congressistas

Tudo foi seguido por um bom almoço à beira mar em Olinda com Moira Sullivan, Chis Dunn (Brown, 94) e Fulonena de Viséu, Portugal (Keah e eu estivemos em Viséu em 1987). Odeia a U. de Coimbra, "Está fora de moda, antiquada, inútil". O cardapio: caldeirão de peixe, arroz com camarão. Na tarde houve uma longa "caminhada cultural" em Olinda; Antenor o cicerone assombra com seus conhecimentos históricos (e o tempo inteiro me fez pensar em meu velho amigo Flávio Veloso, parecendo tanto os dois, poderiam ter sidos irmãos).

Andei preocupado eu com o problema de passar o filme pelas máquinas nos aeroportos. Saiu bem.

Ao hotel ao lado de Filomena no ônibus. Palavreada. Deu dor de cabeça.

Falei um pouco com Ricardo Paiva—ele tinha ouvido que eu já estava aposentado. E Tolman; diz que está cansado de toda a "merda acadêmica". Mas, adora! Fez um trabalho de primeiro com o texto TRAVESSIA e a BRASA.

Serviço de quarto para o jantar. Estive totalmente abatido. "A year or two off my life."

Boa Viagem, a saída

O check-out foi eficiente, o voo para o Rio também. A livraria no aeroporto tem meu livro sobre RCC e o livro da Hedra Editora sobre Cuíca de Santo Amaro.

Já pensando nos projetos para a aposentadoria em 2002.

Mais de uma vez, o pessoal se dirigiu a mim durante o congresso dizendo "Ah, você é o Mark Curran!" Meus livros são conhecidos, especialmente o da EDUSP de 98. "Sou pioneiro e mestre"! Se fosse mais agressivo eu (academicamente) poderia aproveitar muito mais de tudo isso. Não. Chega.

Passando tempo escrevendo estas notas; vou rele-las no avião. E engavetá-las para um dia depois quando fizer as "memórias" no livro de aposentadoria. (Já fiz o primeiro volume em maio de 2009; outro uns dois anos atrás, e este o terceiro agora em 2016). Na CNN há notícias da baixa na bolsa de valores e me preocupo pela aposentadoria. Ironia: caiu em 2000 e voltou a um alto em 2008. Agora, 2009, é a pior desde a depressão de 1930. E, agora com esta escritura em 2016, cai de novo. Mas, nada de remorso pela decisão de sair da universidade em 2002, foi boa decisão. Todas as coisas boas de anos recentes me parecem um "prêmio" pela carreira. Tive mais sorte do que a maior parte de colegas na área. Tenho ideias para o futuro, projetos e hobbies.

Pensando em ti, Keah, nosso futuro, minha companheira e amante e esposa. Todo meu amor, 24 de junho de 2000. Dia de São João.

CAPÍTULO VII

SÃO PAULO – RIO DE JANEIRO, 2001, CONVIDADO ESPECIAL PARA A GRANDE EXPOSICÃO DE "100 ANOS DE CORDEL" PELO SESC - POMPEIA

O voo

Deixei uma Keah meio doente e com vendagens na cara em Mesa (resultado da consulta com o médico "Griego"), e mais o gripe. Foi triste.

Houve confusão com a passagem aérea na American Airlines de Fénix para Dallas, mas, acabou bem. Houve um bom papo no avião para Dallas com um burocrata do governo federal, aposentado em 1980. Agora leciona cursos em gerência para o governo, "Bureau of Land Management" etc.. E acaba de dar um curso na "Northern Arizona University" em Flagstaff. Aconselha-me para a aposentadoria: aposentar-se A UMA COISA e não DE UMA COISA.

Havia uma espera longa no aeroporto de Dallas, mas, aproveitei para ensaiar a palestra e ler mais uma vez o "CENTENNIAL" de Michner. Não havia ninguém mais na fila de poltronas no meu lado do avião para São Paulo. O jantar foi de bife, aperitivo e licor depois da refeição – resultado, até dormi algo na viagem.

A chegada a São Paulo e os primeiros momentos

Vista de São Paulo e o MASP 2001

Ao chegar perto da metrópole de São Paulo, via-se o horizonte gigantesco de prédios em São Paulo, isto em meio da poluição. O voo de Fênix a Dallas foi de 2 horas, 20 minutos, de Dallas a São Paulo, quase 12 horas.

Meu cicerone do SESC Cássia (fui convidado especial para os "100 Anos" e havia uma turma contratada pelo SESC para isso) e o motorista me receberam no aeroporto de São Paulo (lembre que a viagem toda será patrocinada por SESC – POMPEIA), eu um dos convidados. Na mesma Kombi para a cidade estava o poeta de cordel J. Barros. O mundo é pequeno mesmo. Ele se queixava de má saúde, das pernas e também de pressão alta. É bom amigo de Apolônio Alves dos Santos (Apolônio era já falecido há uns anos).

Passamos pela parte velha do centro de São Paulo, e me parecia, inicialmente, uma cidade suja. Mas, melhorou a impressão depois. O hotel de três estrelas é bonzinho e calmo, um pouco distante na Avenida Paulista. A Cássia tinha um "pacote" para mim – o programa, a agenda dos eventos, dinheiro para refeições; o resto será na terça-feira com o agente Sérgio.

Fiz a barba, tomei banho e tentei dormir; sem sorte, não pude. Exausto da viagem.

Introdução ao curador de "100 Anos" Audálio Dantas

Audálio Dantas, curador de "100 Anos"

As 5 da tarde Audálio Dantas, o curador e chefe de "100 Anos", me apanhou no hotel e fomos ao SESC-POMPEIA. Acontece que ele é o coordenador de todo o evento. Impressionante! Fiquei sabendo do grande Audálio – repórter nos dias velhos meus de 1960 de O CRUZEIRO e A REALIDADE, e depois foi deputado federal, chefe da Associação de Jornalistas de São Paulo, depois da nação inteira, e chefe da Imprensa Oficial do Estado de São Paulo.

O cordel é um dos interesses dele, mas, longe de ser o principal. Ele é um dos "vultos" mais importantes na cultura de São Paulo.

Galeria de fotos da exposição dos "100 Anos de Cordel" I

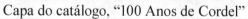

Capa do catálogo, "100 Anos de Cordel"

O Ícone da exposião, "O Pavão Misterioso"

Foto do mestre Leandro Gomes de Barros

Foto de Cuíca de Santo Amaro e Rodolfo Coelho Cavalcante

Xilo artístico, O Imperador Carlos Magno

Imagem de Lampião e Padre Cicero

Padre Cicero e o ícone

A exposição

A exposição foi incrível; só ela em si faz valer a viagem. Minha palestra será um momento "menor". O que me impressionou inicialmente foram a grande quantidade de livros, filmes, peças dramáticas, música, etc. que existe no Brasil hoje como resultado da literatura de cordel. Ver o programa e a revista que explica tudo sobre Audálio. Espero documentar tudo com fotos nos próximos dias (e fiz; ver "A Galeria").

Folhetos clássicos do velho cordel

A exposição do cordel mesmo nas vitrines da exposição foi impressionante – folhetos velhíssimos e raríssimos! Romances, o cangaço, a religião. Há 300 em sumo, todos da coleção de Joseph Luyten (quem realmente organizou tudo sobre o cordel para logo coordenar com Audálio.)

Recriaram uma "feira de cordel" com barracas dos poetas. Entre eles são J. Borges, José Lourenço de Juazeiro (da velha tipografia São Francisco de José Bernardo da Silva), Jerônimo Soares, o irmão de Marcelo de São Paulo, Marcelo Soares, Abraão Batista de Juazeiro do Norte, Gonçalo Ferreira da Silva do Rio, Fanka de Juazeiro, Waldeck de Garanhuns, Téo Azevedo, e Assis Ângelo (esta é a primeira turma; a segunda será depois de minha saída – Azulão e outros; veja a revista e as reportagens).

Também havia a decoração do grande espaço com grandes gravuras de cordel, "ateliê" de fazer folhetos, cantadores, teatro, shows, e cinema. Tudo fica devido à verba de SESC-POMPEIA e os esforços de Joseph Luyten e Audálio Dantas.

Introdução a Joseph Luyten

Joseph Luyten na sua biblioteca

Ele divide a semana entre Santos (A Forte – Museu de Cultura Popular) e a Universidade Metodista de São Paulo; não tem mais vinculação com a USP. Tem casa em Santos e apartamento em São Paulo. Somente vou vê-lo antes da palestra na terça-feira. Depois seguem as notas sobre ele.

Notas no hotel: "workout!" Ra Ra, notas, chamadas a Michael Grossman, à EDUSP, compras na Avenida Paulista, inclusive com novo CD de Chico Buarque de Holanda.

Interlúdio – reencontro com Michael Grossman

Peguei táxi à casa de Mike Grossman. Parecia exausto; estava antes com um amigo da seção internacional do "New York Times" ou "Wall St. Journal". Mike o tinha apresentado à futura esposa no Brasil.

Falou-me do Rádio Atual, o escândalo com o dono, um deputado federal, que resulta ser ladrão e foi cassado; daí, o Centro de Cultura Nordestina que eu conhecia antes agora está na fossa. Téo Azevedo já saiu do Rádio Atual, enganado sobre questão de salário. Assis ⊐ngelo tem um programa de rádio, sábado pela tarde, o maior show de cultura nordestina em São Paulo.

Mike é "executive producer" do ultimo CD de Flávio, o gaitista dos Blues Etílicos, mas, tem mais entusiasmo sobre o assunto de Sebastião da Silva, Flávio, et. al. produzindo um CD com a mistura de repente de blues.

Tocou dois "tracks": o primeiro a estória de Robert Johnson. Sebastião da Silva canta a parte do repente com a viola. Flávio acompanha com gaita e outro rapaz com "slide guitar". Grossman estava caindo no sono quando peguei táxi para casa. Não foi uma repetição do tempo ultimo.

No hotel, vi um filme de Robin Williams na TV; até este ponto não me sinto sincronizado com o Brasil. E havia problemas de português. Pensei: ou é questão de vir para mais tempo ou me aposentar.

Outro dia, momentos em São Paulo

Acordando às oito e meia; cortando e ensaiando a palestra.

Há um encontro marcado com Plínio Martins na EDUSP às 16 na quarta. Será importante para mim. Levarei o CD (acho que foi de "Portrait" em Inglês) e sugerirei dicas para uma tradução e publicação do mesmo livro em português ou pela EDUSP ou pelo Ateliê de Plínio. Acho que lhe mostrei o CD de "Portrait" com a ideia de traduzir depois para ser o futuro "Retrato".

Naquela manhã caminhei até a Avenida Paulista, levando-me 30 minutos andar ao MASP, supostamente o melhor museu de arte de toda a América do Sul. O ambiente foi Nova Iorque nos Trópicos! Espero que Keah goste do catálogo do Museu. Voltei ao hotel, tomando banho, preparando-me para esta noite. Faz bastante calor. Vestia calça e camisa esporte de manga curta.

Um aparte e grande ironia

Esta agência da Cássia é a mesma para os "shows" importantes. Houve um com Chico Buarque e Edu Lobo a semana passada no SESC- Vila Mariana. Segundo os críticos não foi muito bom. Segundo Michael Grossman O SESC é o meio melhor agora no Brasil para a música e os artistas do Rio e São Paulo.

Liguei para o jornalista Élio Gaspari, outra vez a agradecer-lhe pela entrevista pelo fone nos EUA.

O evento e a palestra são esta noite: tudo é importante para mim e a carreira. Vamos ver. Até mais …

Um Aparte - minhas notas em inglês depois da palestra: "Well, Keah and Katie, I don't know how to say this, but it was the best"!

Cássia (da agência) me apanhou no hotel; houve bom papo indo aos "100 Anos". Ela é atriz, mas, por enquanto, faz isto para ganhar a vida. Mora em Perdizes.

Galeria de fotos dos "100 Anos" II

J. Borges na sua barraca na Feira

J. Borges de novo

Zé Lourenço, artista de xilogravura de Juazeiro do Norte

Curran e Abraão Batista, artista de xilogravura e poeta de cordel de Juazeiro do Norte

Curran e Téo Azevedo

Valdeck de Garanhuns na sua barraca na feira

J. Barros, Curran, e Jeronimo Soares na feira

Xilogravura de Jerônimo Soares na feira

38, Gonçalo Ferreira da Silva e Curran na feira

Azulão na feira dos "100 Anos"

Marcelo Soares na feira dos "100 Anos"

A noite e a palestra

Chegamos ao SESC; havia tempo para tirar fotos de toda a exposição. Depois houve um papo ótimo com J. Borges, Abraão Batista, Lourenço de Juazeiro, Téo Azevedo, Jota Barros e Gonçalo Ferreira da Silva, todos em suas "barracas" de feira.

Joseph Luyten de novo. Aí conheci por primeira vez depois de anos de correspondência o pesquisador Joseph Luyten. Queríamos tempo para nos conhecer melhor, etc., mas não foi possível devido ao fato que todos os poetas estiveram também. Nós demos muito bem. Entre outros temas compartilhados, ele acha que o arquivo de Joseph Mindlin (famoso industrialista de São Paulo, bibliófilo etc.) é a única possibilidade de guardar sua coleção de cordel depois de morrer (e de fato, triste, Joseph morreu uns poucos anos atrás; estive em contato com a viúva Sofia).

Outro tema: segundo Joseph, o "escanar" para preservar o cordel não dá. Isso devido ao tempo que leva (cada página de folheto é, em fim, um documento), ao pessoal para fazê-lo, o custo. O melhor é a Xerox, mas de alta qualidade, e mantendo os originais intactos. Joseph trabalhou em Poitiers, na coleção Raymund Cantel, de 9000 originais. Tentaram o "scanning" e não saiu bem.

Curran a palestra na exposição

Havia certa confusão no gigantesco prédio que é o SESC. A sala da conferência tinha capacidade para uns 40-50 pessoas. Ficou totalmente lotado – todos os cantadores chegaram. Edilene Matos também! Luyten falou primeiro – foi ótimo e bem "Paulistano" – os fatos, por favor.

Minha palestra foi de 40 – 45 minutos; a melhor e a melhor recebida de TODA A CARREIRA! Havia uma atmosfera de "comunicação" incrível - muitos na plateia caindo na gargalhada pelas anedotas e piadas que contava (tudo planejado quando preparei a palestra). Agradeci a todos a oportunidade de estar; expliquei por que me interessei pelo cordel e como comecei a odisseia da pesquisa; as estórias de 1966-1967. O tempo acabou, mas Audálio me encorajou a continuar. Improvisei muito, extemporizei muito (como em Brown University em 1994, com Sérgio Miceli, e também, até certo ponto com Ariano Suassuna em Recife em 2000). Basicamente é o texto desta palestra que será o ponto de partida para o que virá anos depois pela "Trafford Publishing": "Peripécias de um Pesquisador 'Gringo' no Brasil nos Anos 60."

Tudo foi gravado pelo Rádio Atual. Distribuí cartões profissionais (para contatos no futuro), o cartão que tinha o endereço eletrônico do "currancordelconnection" na rede. Regina da EDUSP veio com exemplares da nova edição do livro "História do Brasil" em 1998, inclusive, com exemplares para mim. Dei exemplares para a exposição e também para Joseph Luyten e Audálio Dantas.

Depois havia uma sessão longa de fotos para a Revista ÉPOCA, a melhor do gênero segundo Audálio Dantas (a melhor desde "Realidade"). Devo falar com um repórter da mesma revista amanhã, a parte da entrevista. Havia muitos estudantes e até professores querendo contato de e-mail, conselhos para tese, etc. Nem chegará a isto a experiência da Comemoração de 50 Anos de Literatua de Jorge Amado em Salvador em 1981; muitas pessoas me cercando e Cássia de lado com um envelope de cash para pagar o honorário (consegui levá-lo bem à casa no hotel).

O mais importante: Audálio ficou muito impressionado e feliz. Levou-me a comer em um restaurante italiano depois, junto com a esposa Vanira. Creio, que, honestamente, contribuí muito a sua felicidade aquele dia. Quer dizer, a assistência foi ótima, incluindo o pessoal de imprensa, tudo como desejado (o sucesso do evento será um crédito ao próprio Audálio e seu trabalho de "organizador-curador".)

Escrevi: "Tudo isso é ótimo para o cordel, e também, para mim e para a ASU. Resultou em uma publicidade de assombrar, só em São Paulo acho. Foi dez vezes melhor do que a palestra no Congresso da BRASA em Recife em 2000. Até melhor do que o momento festivo com Jorge Amado em Bahia em 1981. E claro com o lançamento do livro sobre Cuíca de Santo Amaro em 1990 em Salvador".

Um aparte sobre Audálio Dantas

Audálio fez reportagens para "O Cruzeiro" em 1960 e para a "Realidade" durante muito anos (trocamos estórias da minha experiência no Nordeste e no Rio São Francisco em

1966-1967). Foi Presidente do Sindicato de Jornalistas de São Paulo e logo de todo o Brasil. Foi ele quem escreveu primeiro a história de Vladimir Herzog (a tortura, prisões pelos militares durante a ditadura). E, me contou que ele escreveu o "diário" para Carolina de Jesus, quer dizer, o editou e preparou-o para a publicação. Viajou o mundo como jornalista; sabe e fala espanhol. Fez uma viagem de carro de São Paulo até a cidade de México (trocamos memórias de Guatemala e o "Lago de Atitlán").

Foi candidato pelo MDB para senador da república em 1978-1982. Agora em 2001 é colunista para o "Diário Popular". Sabe muito do cordel e criou, ou seja, organizou toda a festividade dos "100 Anos" (com o assessor Joseph Luyten). Vanira é a esposa, e há duas filhas de 9 e de 12 anos. Vanira é jornalista; foi estudante dele. O papo e o jantar foram ótimos, em Higienópolis.

As emoções do momento

Escrevi: "Que diferença de um dia (ou ano) a outro"! Acho que tudo isto que aconteceu e ainda acontece não é excesso de entusiasmo do momento, mas, é verdadeiro. Tampouco não há de negar o "rush" - o sentimento de ser realmente apreciado pelo trabalho da vida – quatro de meus livros na mesa para todos verem durante a palestra, a nova edição de "História do Brasil" nas prateleiras e computadores das livrarias. (A nova tiragem de 2001 foi 1500 exemplares.) Plínio fala que haverá royalties e mais tiragens no futuro (e de fato, aconteceu).

Dei-me um conselho a mim mesmo: fique respirando, fique trabalhando. As horas longas, os dias, meses e anos de trabalho deram certo esta mesma noite (e agora em 2016 ainda sinto esta felicidade, escrevendo tudo isso com mais objetividade e distância do evento, desde Colorado e Arizona quatorze anos depois!). Eu me sinto, realmente, como pioneiro de pesquisa no cordel e agora no auge da carreira. O pessoal no Brasil em 2001 não pode acreditar que esteja me aposentando da faculdade, de idade "tão jovem". Em 2009, ano quando fiz a primeira revisão deste novo "diário", me perguntei: "Será que "Retrato do Brasil em Cordel" mesmo dará certo?" Isso foi apesar de já haver lido as provas primeiras uns anos atrás. Escrevi: "O tempo passa; estamos em 2009; não quero obra póstuma". Seja como seja, não podem tirar de mim a alegria do momento em 2001. Pensei: Keah, quem me dera que ouvisse e presenciasse a palestra – a nossa vida devia ter tanto humor.

Amanhã será outro dia; os repórteres querem entrevistas. Irei aos Luyten para o almoço e depois estarei com Plínio na EDUSP.

Afirma tudo isso certas coisas: há de ser persistente, honesto, permanecer na labuta, e coisas boas vão acontecer.

Aparte: foi de assombrar saber quantas pessoas tinham lido a entrevista na "Folha de São Paulo", entrevista feita meses antes pelo telefone desde Arizona por Hélio Gaspari.

Disse para mim mesmo em 2001: há de conseguir editora para "Retrato". Há de escrever "Peripécias de um gringo pesquisador no Brasil" e começar a antologia em Inglês (objetivos já Feitos em 2009). Em 2001 estava ainda "esperando ainda o trem", como Pedro Pedreiro.

Falei para mim mesmo em 2001 – as boas novas são que tudo isso me manterá ocupado por uns dois a três anos. Falei com os botões – fique em contato com Audálio. Ele é a chave para "Peripécias". Ouviu e entusiasmou-se com a palestra, adorou, e quer mais!

Assim é que a história se repete – Bahia em 1981, Bahia em 1990, Recife (um pouco) em 2000 e agora a EDUSP em 1998 e "100 Anos" em 2001.

São 3 da manhã. Dia importante amanhã.

Outro dia, encontro com os Luyten

Dormi mal devido a tomar um café forte à 1:30 da manhã. Sem comentário.

Acordei às 9 da manhã, tomei um café rápido e liguei para Joseph Luyten; mora só quatro quarteirões do hotel, coincidência assombradora para São Paulo. No caminho ao apartamento vi beija-flores, o nome de um o "Caga Sebo", com a cabeça todo azul.

O apartamento este de Joseph e Sônia é sua biblioteca. Tem outro apartamento a pouca distancia onde realmente moram. Isto é, de domingo a quarta-feira; e ainda outra casa na praia em Santos onde moram o resto da semana, a residência principal. E, uma casa na Holanda. Joseph sabe seis idiomas e vai de um a outro sem pensar – alemão, francês, inglês, português, espanhol e japonês. Nasceu em 1941; veio ao Brasil em 1952, eventualmente tirou o doutorado em comunicações da USP. Sônia é pessoa muito simpática, doutora da USP na Escola de Comunicações e Artes, especialista em cômicos do mundo, especialmente a Manga do Japão; e a dele é a literatura de cordel.

Joseph contou de sua vida: o Brasil, o Japão, a Holanda, a volta ao Japão, depois Portiers na França e mais uma vez ao Brasil. Inclusive, moraram em um castelo na Holanda; há três crianças, todas adultas.

São verdadeiros intelectuais latino-americanos, os dois com bibliotecas particulares de qualidade mundial. Ele é bibliófilo ao extremo. É de descendência holandesa e irlandesa.

A coleção de cordel tem 15.000 títulos diferentes; ele coleciona EDIÇ□ES e não só títulos como eu. É difícil de somar: do cordel antigo tem doze a treze de Leandro Gomes de Barros. Tem os livros originais da Garnier EM PROSA, inclusive o de Carlos Magno que foi uma fonte importante para o começo do cordel no Brasil, histórá espalhada do Rio para o Nordeste. Tem a literatura popular em verso de Portugal, Espanha, França, Itália, Chile, Peru e a Argentina.

Das fontes secundárias, acho que tem todas. É uma bibliografia gigantesca, a definitiva, acho eu. O sistema dele é o seguinte: tudo vai segundo o primeiro nome do poeta de cordel, depois o título do romance ou folheto. Odeia a ideia de pôr só o título, acha que dá anonimidade aos poemas, e tira o crédito aos poetas (compare isto com meu sistema em "Retrato", títulos na relação, mas autor, título, tudo com nota no texto). Escrevi: "Ele gostaria de ter a minha coleção, embora pequena".

Na sua biblioteca há outras gavetas: há uma com revistas e "clips" de jornais sobre poetas individuais. Há outra dos pesquisadores e correspondência com eles (tem todas as minhas cartas através os anos).

Tem 1500 matrizes de xilogravura; a coleção agora está no Japão.

É o pesquisador mais sério (no trabalho) e METICULOSO que já conheci.

Também é crítico de arte e tem obras de qualidade de museu nas várias casas.

Em público é muito brincalhão, mas comigo foi muito sério. Homem de muita dignidade e fortes opiniões, mas, no sentido positivo. Já em 2009, quando primeiro escrevi estas linhas, parecia-me um dos grandes intelectuais e escritores do Brasil, não chegando ao Luís da Câmara Cascudo, mas, na sua área de cordel, talvez sim.

Sônia já escreveu livros na sua área sobre a "Manga" do Japão; tem sua própria vida intelectual. Tenho a impressão que farão pesquisa, lecionarão e lutarão para manter a vida econômica, isso até caírem mortos (e de fato, foi o que aconteceu com Joseph uns poucos anos depois). Pensei com os botões agora escrevendo esta narração: "Eu me aposentei em 2002 e depois fiquei lecionando tempo parcial na primavera na ASU, mas, estes sete anos foram bons, nada de remorso". Fomos almoçar em um restaurante "pelo quilo", comida básica e boa brasileira.

O que os traria aos EUA seria a ligação ao Japão ou o Brasil-Japão. Joseph estabeleceu "Estudos Brasileiros" em 5-6 lugares no Japão.

Escrevi: São coisas assim que eu poderia haver feito se tivesse tido o "Centro do Cordel" na aposentadoria na ASU. Propus o Centro para ASU e nada aconteceu; não foi aceito pela administração. Em fim, o tempo com Joseph e Sônia foi um bom momento, já inesquecível. Joseph morreu uns anos depois, Sônia mandou uma carta ou duas. E outra vez em 2009.

Na USP, encontro com Plínio Martins, tratando "Retrato do Brasil em Cordel"

Peguei um táxi no tráfego louco de São Paulo à USP, o único jeito de chegar para lá para a hora marcada da entrevista com Plínio. Parecia a universidade a mesma da visita de 1996, em parte, malcuidada, mas gigantesca. Primeiro fui à livraria onde vi meu livro "História do Brasil em Cordel". O pessoal da "Folha de São Paulo" veio hoje para pegá-lo, talvez uma preparação para a minha entrevista com eles amanhã para o Suplemento Literário de domingo.

Fui à editora; Plínio estava fora para o almoço, mas, foi muito cordial quando me viu. Bom papo. Muito amigável. É de Goiás, Tocantins. A editora "Ateliê" é negócio e empreendimento particular dele, totalmente aparte da EDUSP.

Estava feliz com "História"; acredita que a segunda tiragem deveria vender bem (de fato, foi assim; a terceira ainda vende, e ainda uns "royalties" deles).

Parecia intrigado com a ideia de "Portrait", a versão original em inglês que tempos depois seria "Retrato do Cordel no Brasil", e o CD que deixei com o texto e as capas de folhetos para ilustrações. Senti-me bem deixando tudo com ele; não será copiado, plagiado ou roubado; e foi combinado fazer a versão de "Portrait" em português em 2002.

Para dar-lhes uma ideia do "negócio" de livros no Brasil ao leitor: o Ateliê tem convênio com o Diário Oficial de São Paulo, a prensa do governo do estado mais rico do Brasil, e tem no prelo um livro de 900 pp. sobre Euclides da Cunha e "Os Sertões". Plínio falou que talvez tivessem interesse na versão de "Portrait" em português (será o futuro "Retrato do Brasil em Cordel"). Tentei vender o conceito do livro. Vale o risco; escreverei para ele com mais detalhes em 2-3 meses. Ele disse que as pessoas aí traduziriam "Portrait" e eu poderia corrigir as provas. Ou talvez fizer o texto de novo, escanar em resolução alta. Escrevi: "Não me sinto muito otimista ou nem pessimista, mas, acho válido haver feito a sondagem. Sim, estive muito feliz haver feito o livro e faze-lo bem em inglês". (Tinha esquecido escrever do resultado de tudo isso. Este momento com Plínio mesmo seria o começo de "Retrato", isso quando em 2001, comecei a reescrever "Portrait" em português no Arizona e mandar para Plínio em 2002, e agora, esperando sua saída em 2009]. Dizem no Ateliê que a prova final estará pronta já no fim de 2009. E de fato, esteve pronta; li no fim de 2009.

Missão comprida. Depois de amanhã, é tudo turismo. Para preparar-me para a entrevista com a "Folha" estou relendo "História".

Não sei o que vai acontecer com as fotos e a entrevista ainda não feita para a revista "Época", uma pena se não acontecer. Lembro que o fotógrafo tirou as fotos ontem à noite no SESC.

Aquela noite na exposição de "100 Anos", entrevistas e encontros

Dormi mal outra vez; sentindo-me agora bastante abatido. Lendo o livro para a entrevista; e depois, no outro dia, ela a jornalista cancelou o encontro, mas falei no telefone com ela depois – sobre Audálio, sobre o cordel, e sobre o livro "História".

Ao SESC – tiraram fotos de mim para a revista "Do Leitor", a melhor revista de cultura, segundo Audálio, em São Paulo. A entrevista deve ser mais tarde, em algum lugar, de algum modo. (Saiu sim e o artigo foi uma beleza; está na biblioteca em casa em Mesa).

Tive um papo ótimo com o poeta e artista de xilogravura do cordel Abraão Batista no SESC, um dos meus favoritos. Era professor de psicologia antes de começar o cordel e a xilogravura. Ele aparece muito nos meus escritos. Falou de uma viagem à Flórida e contou anedotas. Seu português foi difícil de entender, mas é um homem muito inteligente. Mostrei-lhe 2-3 páginas do livro "História" onde falara dele. Parecia feliz. Abraão tem um folheto novo – o escândalo atual, do momento, no Brasil: Antônio Carlos Magalhães, Fernando Henrique Cardoso, o título "WWW. Laulau". Se um belo dia fizer uma revisão de "História", fecharei com uma estória dele. Tem um sobre Clinton e Mônica, importante para "Bramundo". ("Bramundo" é o título e texto do capítulo longo sobre o mundo exterior tratado no cordel no Brasil que eventualmente sairá como um dos capítulos de "Retrato do Brasil em Cordel" pela Ateliê anos depois).

Papo com uma estudante de graduação de MG, sua tese sobre cordel. Dicas.

Um pedido imprevisto de repente: uma entrevista comigo para a TV São Paulo, de Ribeirão Preto. Breve, mas foi feita. Saiu bem.

Valdeck de Garanhuns fazendo xilogravura

Tive um bom papo com Valdeck de Garanhuns; faz teatro de "Mamulengo" no SESC-VILA MARIANA. Tem xilos e oficina nos "100 Anos". Muitos se vendem na Europa; Abraão Batista citou o preço de $3000 USD. Pode ser?

Houve tempo para uma olhada longa, sem pressa, na exposição dos folhetos de Joseph Luyten nos "100 Anos", coleção superior!

Senti-me um pouco incômodo com os cantadores presentes; todos queriam vender CDs, não é a minha "coisa" por problema de ouvido.

Mudança de última hora – tive que mudar a reserva de avião para o Rio para mais tarde; para poder aparecer em entrevista com a TV cultura de São Paulo, tudo arranjado por Audálio. Terei de acordar às 5:45 da manhã, fazer o "checkout" do hotel, ir à entrevista e logo ao aeroporto.

Até agora, houve entrevistas com "Época", "Do Leitor", Rádio Bandeirantes, TV Cultura, "A Folha de SP", mas pago o preço – stress, uma falta de dormir, cansado. Talvez o Rio seja mais calmo e relaxante.

Sexta. Entrevista na TV Cultura e os momentos com Audálio Dantas depois

Acordando às 5:45, tomei o café, fiz o "check out" e estive pronto para Audálio às 7:30. O cachê da SESC foi $ 200 US; o hotel custou 187.

Audálio está com 70 anos (acho). Dirige como eu, indo cuidadosamente pelo tráfego de São Paulo até Higienópolis aonde chegamos ao portão da TV Cultura. Falamos da política.

Vladimir Herzog era o repórter principal desta emissora. Audálio era presidente dos Diários Associados, e foi o chefe dos jornalistas que denunciavam a tortura e as mortes feitas pelos militares, negócio sério da época. A estória:

Herzog foi "convidado" a depor na manhã; estava morto às 5 da tarde, morto pela tortura. O evento catalisou grandes mudanças e protestos. Fui apresentado à repórter, Miss Laila; deu uma olhada rápida no livro ("História do Brasil em Cordel"), falamos uns 5 minutos e foi "on the air". Havia perguntas sobre meus livros, boas perguntas, como me interessei no assunto e as mudanças que vi através os anos. A entrevista foi de 10-15 minutos. O meu português saiu bem. Audálio pronunciou, "Good"!

Depois Audálio e eu fomos para o café da manhã em um shopping de Higienópolis, o mais novo da cidade. Houve um "papo" excelente! Escrevi, "This is my kind of Brazilian". Não gosta nem segue o futebol. Um aparte: Cássia, a moça da SESC, adora os esportes dos EUA, sabia tudo dos Phoenix Suns, e os jogos deste ano. Explicou para mim A Copa dos Libertadores, o campeonato mundial dos times profissionais, particulares. Nós demos bem.

Audálio quis falar espanhol comigo, e assim foi por quase uma hora. O espanhol dele estava um pouco enferrujado, mas, o meu também. Falou de viagens a Peru, Argentina, Chile, Colômbia e especialmente a Cuba, a este país umas três vezes. Contou uma anedota: uma vez, em Havana, todos os jornalistas estavam juntos em um hotel; foram notificados que Fidel ia chegar a falar com eles. Chegou vestido na roupa militar, revólver no cinto. Tirou o revólver, colocou-o em cima do piano no salão e falou 5 horas seguidas, até às 4 horas da manhã. Audálio falou da voz "alta" quase falseta de Fidel, especialmente quando "agitado".

Audálio é do PMDB; conheceu bem Ulysses Guimarães e o próprio Tancredo Neves. Estória do banheiro, "Vá quando há chance quando estão na 'vereda da campanha'".

Audálio participou em todas as manifestações de "Diretas Já".

Seu espanhol é muito correto, com sotaque que puxa o da Argentina, "cajjje" "jo". Esteve na Nicarágua e conheceu Daniel Ortega. É pro-trabalhador, pro-justiça, e democrata. Escrevi: realmente gosto deste senhor. É um dos melhores brasileiros que já conheci, e isto não é pouca coisa. Realmente nós demos muito bem.

Sabe francês; estudou-o no colégio e três anos na "Alliance Français". Falamos de Portugal; ele já viu tudo. Trocamos anedotas do português falado em Portugal e no Brasil.

Falei do México e a zona arqueológica de "Palenque" no México. Ele conhece o Museu de História e Antropologia e Teotihuacán.

A vida vai a uma velocidade incrível para ele; nada de férias nos últimos 4 anos, coluna diária no "Diário Popular".

Conhece bem Jorge Amado, mas acredita que repetiu os sucessos. Contei dos "50 Anos" dele em Salvador.

Outra coisa – ele era presidente do DIÁRIO OFICIAL, a entidade do Estado de SP que faz coedições com a EDUSP e a Ateliê.

Pois, Keah, a entrevista na TV cultura tratou quase tudo, o livro "História", e está preparando o caminho para o futuro, na aposentadoria. Juro que o anjo de guarda está aíi em cima, cuidando de mim. E mesmo que não, tudo realmente tem sido um grande momento, e quase não posso esperar para te contar tudo.

Houve um momento hoje de lhe mostrar ao Audálio todas as fotos de nós que trouxe dos EUA; ajuda muito a "humanizar" estes contatos e momentos. Fotos de você, Katie, "Cupcake" nosso cachorrinho e as trutas pescadas em Colorado.

Audálio falou da campanha que fez para a câmara dos deputados, pelo PMDB; dizendo que era barato porque já tinha todo o apoio dos jornalistas da nação. Detesta a corrupção de agora, 2001, e os escândalos do momento. Disse que foi possível para ele sair da política sem ser cínico.

No escritório de Audálio Dantas Comunicações. Vanira realmente é a secretária executiva. Ótima pessoa, muito mais jovem do que ele. Os fones tocam 15 horas por dia; "he has irons in dozens of fires".

Aparte: não posso acreditar – "Isto É-Gente" tem um número com estórias sobre Abraão Batista, Chico Buarque e Roberto Carlos – todos com 60 anos! Estou revivendo os meus anos no Brasil de 1966 e 1967! As fotos de mim sairão em um número de "Do Leitor", não sei qual (recebi depois).

Audálio diz que os seus antepassados, há muito tempo, eram judeus, mas, ele agora é católico "nominal". Mas, é um verdadeiro humanista. O mais impressionante de tudo é o tempo que "gastou" comigo; devo lembrar-me disso quando as coisas do mundo são difíceis.

Nota: Audálio fumava três maços por dia; parou de vez durante a campanha. Falou do catálogo em preparo dos "100 Anos"; recebi-o, uma maravilha. Mas tudo contado em cima resultou do dia extra em São Paulo.

Ponte aérea ao Rio

As malas estão cheias de lembranças dos "100 Anos". Um Aparte: recebi email hoje (2009) de Sônia Luyten; matando saudades. Viajei na TAM, a linha brasileira mais nova, ótima. Como a Varig nos dias velhos, novo o avião, limpíssimo, aeromoças lindas. Almoço quente com um drinque em menos de uma hora de voo.

Nota: a releitura do livro "História" valeu a pena, comparando à história oficial. É possível que tudo isso nos dias estes não aconteça em nada, mas, lembrarei-me desses dias, um tesouro.

Senti-me um pouco como "voltando para casa", aterrissando no velho Santos Dumont – um "zoom" do 737 na pista, os motores em retro e "whoa"!

O cheiro no ar me pegou de imediato descendo do avião, cheiro de mar, o Pão de Açúcar na distância. Houve uma corrida fácil de táxi pelo aterro a Copacabana e o hotel, não tão bom como o de São Paulo, mas, está bem. Se saíres no balcão do quarto, vê-se um pedaço da praia e do mar.

Aparte: havia buzinas de carros, sirenes de polícia fora da janela as 9:30 da noite. Engarrafamento. Na outra manhã em um passeio breve na calçada de Copa, tentei aparecer "brasileiro". Ra Ra. Liguei para Roberto Froelich; não estava. Liguei para Glória Pérez e marcamos para nos ver amanhã, ela da TV Globo. Interessante: disse que estava livre as onze esta noite (horário normal de trabalho dela) – não pude com esta hora. Mostrar-lhe-ei o CD de "Retrato" e falaremos da filha Daniella e a história dela ("Jasmine") no cordel. O escritório dela fica em um arranha-céu de luxo entre Copacabana e Ipanema.

O plano, antes de estar com ela é tomar o café e andar na calçada da Copacabana. Foi um alívio depois do "stress" em SP.

Falei por telefone com Cristina Kerti; estará em Petrópolis no fim de semana. Falamos de Rodrigo e Letícia, não há crianças ainda. Falei de nossa filha Katie em Chicago e você em Colorado. Penso muito em você e espero que esteja melhor depois do tratamento do Dr. Griego. Há muito a contar, mas melhor esperar. Nosso lema: "No news is good news". E será um barato recontar tudo pessoalmente em Colorado.

Cristina na conversa esteve no carro, no celular, o tráfico parado; ouvi-a falando com o guarda. O restaurante foi remodelado.

Estou hospedado só uns quarteirões do meu "ponto" antigo – o Braseiro. Tem 40 anos no lugar e eu estive presente em vários deles. O prato: galeto ("charcoaled chicken"), arroz, legumes, batata frita e duas Bramhas pequenas.

Nota: SESC pagou os 30 reais para a mudança no bilhete de avião. É possível que não tenha eu de pagar o trecho SP-Rio. Veremos. Por conta da Áurea na biblioteca da SESC.

Mais buzinas, sirenas; parece que há revolução aí fora.

Dia 28. Tomo banho, afeito-me, tomei café, e caminhei três quarteirões da calçada da Copa, e fiz "Cooper" da Rua Bolívar ao porto e o mercado de peixe. Ao hotel e ao sótão lá em cima onde nadei na pequeníssima piscina.

Conversei com Gerardo e Sônia Fortes, ele com uns 70 anos, os dois advogados, ela "prosecuting attorney" no Rio. Ele originalmente é de Piauí e se lembra do artigo "Piaui Existe" da "Realidade". Acha que a ONU vai tomar conta de Amazonas e o Pantanal, para salvá-los; os EUA vão administrar. Cada novidade no Brasil. Falou que para ele o Arizona se vê no símbolo de um cavalo negro e a liberdade!

Fortalecido com um "hot fudge sundae" andei até o escritório da Glória, sempre na sombra, 32 graus C., 95 por cento de humidade.

Glória Pérez, autora de novelas da Televisão Rede Globo

O "escritório" de Glória Pérez realmente combina apartamento, na área mais nova e exclusiva do Rio. Final do Posto 6. Deve notar o leitor que ela é um dos principiais criadores de novelas da TV em todo o Brasil, TV Globo.

Escrevi: isto realmente é terreno de milionário. Tem que tocar o "buzzer" de fora para anunciar quem é e com quem falar. O guarda, grande, forte, em terno preto, vem, abre a porta. Segurança séria neste Rio de 2001.

O "escritório" tem um bar, kitchenette a um lado; tudo de luxo, computadores. Divãs, e como é de esperar, um sistema incrível de DVD, "Sony Tape Machines" (para ver de vez vários capítulos da novela, ensaios, etc. para editar e escrever.) Outra sala tem o escritório, estantes cheios de livros, fotos da família. Ao lado, um quarto de dormir e banheiro. Tenho a impressão que trabalha, quando no meio de uma novela, a noite inteira. Falou que tem que fazer um capítulo de 30 páginas cada dia de produção. A novela atual, O CLONE, já tem 130 capítulos (shows).

Vi um capítulo de CORPO E ALMA (a de Daniela, "Jasmin"). Pensei: interessante para um projeto futuro seria a vida-obra dela. Nunca aconteceu.

Tentarei voltar para tirar fotos, mas, talvez seja demais a pedir.

A filha era boa amiga de Chico Buarque no colégio; conhece-o bem. Falei de 1966, "a Banda", e namoro no Rio.

A estória de Daniella e o cordel fica aparte em outras notas.

Caminhei ao hotel pela praia, muito agradável. Ao hotel, tomei banho e voltei ao Braseiro onde comi como porco – contrafilé, farofa com ovos, molho de campanha, batata frita, arroz com legumes, duas cervejinhas.

Domingo 29.

Um dia meio difícil. Acordando às oito, café no hotel, táxi à Feira Hippy (a obra de Glauco, o veleiro "Cutty Sark" no couro). Levei 30 minutos pensando para decidir o que comprar. O veleiro de couro é uma beleza e decora uma parede do escritório em Mesa. O resto na feira, nada de novo. Um calor medonho, suor. Na piscina do hotel de novo. Refrescante. Filme na TV. De novo: se tivesse mais contatos, seria muito melhor. O Rio é ótimo se há amigos. Mas, estou bem. O problema: é feriado de quatro dias no Rio; todos saíram da cidade. Fiz "Cooper" na calçada, nadei na piscina; comprei "O Alquimista" que li rápido, terminando no aeroporto para casa.

Segunda

Houve um encontro com o ex-estudante Roberto. Trabalha meio dia em uma editora de livros de inglês, fazendo traduções para firmas grandes. Vai para Arizona no dia 15, o casamento de Doug (estudante da mesma turma, advogado com outra vida). Roberto treina o violão para tocar no casamento. Continua na literatura; leu a minha "Antologia" de cordel editada na Espanha e cumprimentou. Mas, não aprecia o cordel. Falamos dos dias velhos. Roberto já está com 10 anos no Brasil; diz que não volta para EUA; está aqui para a vida.

Roberto é muito engraçado, muitas estórias e anedotas. "They broke the mold with him". É fanático do Vasco; joga "outdoor soccer", levanta pesos, já fez Kung Fu, e vôlei de praia. Mostrou muito do mesmo espírito do último encontro; diz que está muito feliz que não continuasse na ASU para o doutorado. Este último "é uma merda"!

Fomos a um restaurante na Praia de Copacabana aonde gostamos de empada de siri e risoto de galinha para mim; comi só a metade e Roberto dai pôde levar o resto para casa. O ex-estudante corrigiu meu português! Falamos em espanhol, português e inglês. Estou, nesta altura da viagem, um tanto abatido e aí sofre meu português. Roberto fala muito de literatura e é muito bem lido. Falou várias vezes que eu devia ter me hospedado na casa dele. Apesar de estar só uma parte significante do tempo, gosto da independência minha.

Pensei muito em você Keah, o difícil que devia ser se preparar para a viagem a Colorado, pensando na nova aventura – "Internship" de Katie na ABC em Chicago. Seria difícil trazer vocês para o Brasil; a viagem nossa de 1985 foi perfeita, o cúmulo.

Pois, fiquei com Roberto só até meia-noite; ele teria continuado na farra. Mas, foi bom. Dormi 5 horas seguidas, como pedra. A viagem me cansou muito.

Outro dia.

Acordado as oito na terça, café da manhã, "Cooper" na calçada de Copa, banho rápido de piscina no hotel, fiz as malas e fui ao aeroporto ao meio dia.

Devido a ser feriado, havia pouco tráfego ao aeroporto; o táxi foi 40 reais e rápido. Fiz o "check-in" (SESC pagou todas as taxas de aeroporto para o bilhete inteiro!)

Reflexões da viagem meditando o futuro

Realmente gosto do aeroporto do Rio, limpo, bem cuidado e sem a multidão de São Paulo. Achei meu "ponto" antigo, o café com a decoração dos aviões de caça da Segunda Guerra Mundial, comi um bom sanduíche, tomei uma cerveja e li um livro.

Roberto tem razão – aquele Brasil que eu conhecia "já era", e o original dele também. De passagem, mais uma vez, nunca vi tanta roupa apertada e de decote nas mulheres! Nossa!

Agora estou escrevendo estas notas finais na espera de 4 horas no aeroporto de São Paulo (houve escala do Rio a São Paulo e aí o voo internacional). O aeroporto está lotado de gente e meio sujo e gasto. Foi ótimo "estar à toa" e ter tempo só para ver as pessoas. O costume do carrinho para as malas (e gratuito para todos) é ótimo. É que estou no fundo do tanque, "running on fumes".

Uma nota: o voo da Varig do Rio para São Paulo foi uma bosta em comparação ao da TAM ao Rio, dias antes. O serviço – um copo de água. A escusa da linha foi que não houve tempo, este voo continua para Lima. Keah, você viu o melhor em 1985. Tudo bem para Dallas, e com poltronas vazias ao lado – espero dormir, daí estas notas agora.

Profissionalmente, a viagem foi ótima. Nada de remorso. E quem sabe o que trará no futuro. Mas, como diz o verso da Bíblia – cada coisa tem seu tempo, "a time for all things". E está na hora de pensar em outras coisas. Está muito claro que estamos vendo a última fase do cordel, ou pelo menos, o cordel como eu o conhecia. (Tudo mudaria nos anos seguintes: cordel feito no computador, impressora ao lado, novos autores, novo público e "novo" cordel". Seria o renascimento do mesmo.) Mas, tenho outro projeto – fazer as "Peripécias de um 'Gringo' Pesquisador no Brasil nos Anos 1960" (fi-lo nos primeiros anos da aposentadoria depois de

2002). E talvez, a antologia em inglês – português do cordel, mas este último faço para mim e não os outros – gosto do desafio da tradução!

A grande pergunta: farei a tradução de "Portrait" ao português? Estou realmente com vontade de fazê-lo, mas, só saberei daqui a uns meses. Tudo depende de Plínio Martins no Ateliê. E devo continuar a estar em contato com Audálio Dantas.

Aparte: a gente tem que prestar atenção aos anúncios do sistema de som aqui no aeroporto de São Paulo; não saem nada claros como no Rio. Pode perder o voo!

Acho que nunca experimentei tanto "stress" numa viagem ao Brasil. Andei sozinho muito (como no passado), mas, simplesmente não tive a energia ou o espírito aventureiro a sair sozinho a fazer muita coisa nova.

O Rio foi bom, sábado com Glória Pérez, domingo na feira dos hippies, segunda, o encontro com Roberto. Mas, havia muito tempo sozinho entre esses momentos bons. O que me salvou foram os passeios na calçada de Copa e nadar na piscina do hotel.

O ubíquo são os celulares em São Paulo e no Rio, e o grande esforço de sobreviver economicamente para todos, "sobrevivendo no Brasil". Difícil foi ver muita novidade na cultura que gostei antes.

Em um sentido, tudo está saindo como deve sair – cumprir com o contrato de aposentadoria na ASU, o programa sobre minha pesquisa no Canal 8 em Tempe, a honra em Rockhurst (o prêmio Sir Thomas More pela pesquisa acadêmica), e agora, os "100 Anos de Cordel" que foi bom para mim. Escrevi: "Retrato" seria o cúmulo".

O evento dos "100 Anos", mesmo assim, foi uma exposição, um evento cultural. O status do cordel, os poetas, os editores, e o velho público "já era". Claro que o "novo cordel" virá nos anos seguintes, mas o país Brasil já evoluiu.

A questão principal: como tratar com a aposentadoria em 2002, tentar balançar o trabalho, a diversão, a vida social, e adaptar-me a tudo!

Escrevi: "Meu Deus, poucos aposentados têm os projetos que tenho, e os hobbies, mas, existir no papel é uma coisa, virar realidade é outra. Vida verdadeira. Acho que tudo depende da ambição, se farei uma vida tipo "A" ou não. Veremos".

O cúmulo da viagem foi ver e estar com poetas que respeito, a palestra mesma, conhecer e fazer amizade com Audálio Dantas (e Vanira) e conhecer Joseph Luyten e Sônia.

O Rio, apesar do que já assinalei, foi só "okay". Poderia haver voltado a casa depois de São Paulo. Como falei, o problema foi o feriado de quatro dias, poucos conhecidos no Rio e pouca coisa nova no Rio. (Acho que tenho outra perspectiva disso agora, reescrevendo estas notas, mas, foi o que pensei em 2001).

Escrevi a Keah: "Okay, babe. I look forward to sitting on the porch at the cabin and telling you all about this! And talking of our adventures and years to come. All my love, May 1, 2001."

E agora, oito anos depois, tudo sim saiu como esperávamos, anos bons, muitas novidades, coisas geralmente boas.

Fim. O Brasil 2001

CAPÍTULO VIII

BRASIL 2002

O Motivo

Levar o manuscrito e materiais de "Retrato" a Plínio Martins para o Ateliê e dar uma palestra em um congresso na USP. Será a última viagem ao Brasil antes da aposentadoria.

A saída, o voo, chegando ao Rio e logo a São Paulo

"Super-Shuttle" ao aeroporto em Fênix, há uma tempestade em Dallas daí tivemos uma demora de uma hora. Saímos de Fênix às 3 da tarde, o voo foi bom, a conexão em Dallas, tudo bem, o avião internacional estava só com 1/3 da capacidade de passageiros. Jantar de salmão; dormi 3-4 horas, mas cheguei exausto, como o usual, a São Paulo.

Peguei táxi para o centro, 40 reais, no hotel nos Jardins, bonito, mas barulhento. Tentei dormir, mas não pude. Marquei encontro com Plínio Martins do Editorial Ateliê para a uma da tarde do outro dia.

A primeira noite, a abertura do congresso

Peguei ônibus à USP para a abertura do congresso. (Lembre que foi a palestra no congresso que pagou as despesas da viagem, mas não foi o motivo mais importante.) As palestras aquela noite estavam realmente longas e aborrecidas. Depois houve o coquetel com centenas de estudantes e o pessoal do congresso. Aqueles vêm para as bebidas e comidas. Conheci um professor da Berkeley, outro de Londres, mas o mais interessante foi Lourdes do México, especialista de filmes documentais sobre "trens". Ela originalmente é de Barcelona. São "convidados especiais". Eu, não. Como mudou o mundo desde São Paulo e os "100 Anos" de 2001, mas, foi o jeito; a palestra "pagou" a viagem.

Depois havia uma cerveja no bar do hotel com o pessoal do congresso e à cama. Exausto! Surpresa!

Tenho um companheiro de quarto, o diretor de cinema Antônio Olavo de Salvador da Bahia; trará um filme sobre Canudos. Foi um pequeno choque para a minha privacidade – a primeira vez tendo que compartilhar o quarto no hotel em um congresso. Deu certo. Antônio "abriu" mais uma vez o mundo de Canudos a mim (eu tinha lido e estudado "Os Sertões" na pós-graduação anos atrás).

Outro dia, o congresso

Acordando às sete, com fome para o café da manhã e logo ônibus a USP. A sessão minha foi muito pequena, pouca gente. Foi "história oral". Mas, em geral, agradável. Falei uns 10 minutos sobre a relação da literatura de cordel e "História do Brasil em Cordel" e a relação com a história oral (quase nenhuma). Repeti algo da palestra de "Peripécias" de 2001 nos "100 Anos". Ainda me parece estranho: o viajar mais de 4000 milhas para apresentar uma palestra de dez minutos! Assim anda o mundo acadêmico!

O almoço aquele primeiro dia foi numa cafeteria simples da USP com uma bibliotecária dos subúrbios de São Paulo. O cardápio do dia foi feijoada – comi só o arroz e feijão, temendo o resto (o leitor lembrará o estômago frágil do gringo)! Pouca comida, mas quebrou o galho. Não pude aguentar mais do congresso aquele dia e dei o fora. Também há de notar que em poucos meses vou me aposentar do tempo integral na faculdade e depois de tantos anos na "labuta", sentar a ouvir palestras com nem interesse para mim não foi a meta da viagem.

Peguei táxi ao hotel e liguei para Audálio Dantas; verei-os ou esta noite ou no fim de semana. Feliz tê-los aqui; conheço pouca gente. O estômago anda ruim (não deveria ser surpresa depois daquela feijoada; aquela noite jantei canja de galinha, do serviço de quarto.)

A melhor notícia, Mark na EDUSP com Plínio Martins

Mark, Plínio Martins na EDUSP

No outro dia estive com Plínio Martins na Editora da Universidade de São Paulo (EDUSP). Ele foi plenamente simpático comigo. Entreguei todo o material para a nova publicação (e eventualmente, a melhor minha do Brasil), o CD com "Retrato", exemplares dos folhetos, fotos, este material para as ilustrações do livro, excelentes na versão final. A minha organização deu certo. Plínio diz que adora o tema de "Retrato" e que fará um livro muito superior à "História do Brasil em Cordel" pela EDUSP. Falou de passagem do livro no Ateliê de mais de 900 páginas que acaba de fazer. Diz que a Ateliê é reconhecida como uma de quatro editoras "finas" no Brasil. Planeja começar logo na revisão do texto meu, dizendo que é a parte "mais fácil". Planeja faze-lo em convênio com a Imprensa Oficial, um livro para coletores de livros e bibliotecas, com boas ilustrações e muita arte!

Escrevi: "Se sair como planejado, será o cúmulo de todos os meus anos de trabalho". Para o lançamento Plínio pensa fazer a "reimpressão" de uns folhetos famosos e lançá-los de vez com meu livro, como "marketing" para o livro. Diz que leciona uma aula de editoração e os estudantes preparam os folhetos de cordel. Diz que fezo uma coisa igual para o Bienal e os folhetos se venderam como pão quente. Cada qual por um real, "great advertising gimmick."

Estas ideias de Plínio são ótimas. Diz que deve ter uns duzentos livros entre os da EDUSP e a ATELI☐, tudo a ser feito. Mas, falou que possivelmente o meu estaria pronto no fim de 2002 ou talvez 2003. Não deve ser uma surpresa que o meu só sairá muitos anos depois, mas o produto final foi ótimo!

Outro dia, miscelânea do congresso

Eu me arrastei da cama tarde, as 8:30, tomei banho, fiz a barba e tomei um cafezinho rápido para logo pegar o ônibus a USP e o congresso. A manhã foi agradável; revisei as notas para minha palestra para a mesa redonda.

O café normal no hotel: sucos, abacaxi, ovos com toucinho, café com leite. O almoço no dia da palestra: fui com a turma toda a uma ótima churrascaria, experiência ótima em termos de comida. Camarão com alho, variedade de saladas de legumes, pedaço ótimos de carne – da picanha- o corte melhor. Houve um papo com Luís, psiquiatra-médico da Bahia; acompanha a esposa aos congressos. Nasceu na década dos 30, viu Cuíca de Santo Amaro nas ruas da cidade, mas, viu Rodolfo Coelho Cavalcante muito mais. Falou da cabeça de Lampião no Museu Nina Rodrigues – "Um troféu". Houve papo no outro lado com Elisete, especialista da arqueologia pré-histórica. Adora os "Anazasi" do sul oeste dos EUA e o "Museo Nacional de Historia y Antropología" do México.

A má notícia: chegamos atrasados uma hora ao congresso devido à encrenca com cartões de crédito e a bagunça burocrática normal brasileira. A sessão já tinha 20 minutos, mas tudo deu certo. O cenário esta vez foi nós na mesa e um auditório repleto, talvez de 200 pessoas. Minha parte saiu muito bem, extremamente bem. Havia cumprimentos altos do chefe da mesa por todo o meu trabalho no Brasil. E tratei razoavelmente bem o tema – o filme de Olavo.

Escrevi: "Estou totalmente feliz, contente com esta minha última palestra 'oficial' representando a ASU. Mais uma vez, estou aposentando-me de 'lá em cima'". Havia humor e fiz excelentes "relações públicas" para Antônio Olavo e o filme. Na mesa havia dois professores da Alemanha, e mais dois do Brasil, e eu.

Depois: peguei táxi ao hotel por 7$ US, um alivio não ter que tratar com o ônibus. Na TV: uns ladrões acabam de matar três passageiros de ônibus em Campinas; há tiroteio nas ruas do Rio na entrada do túnel a Laranjeiras, os policiais lutando com traficantes de drogas das favelas. Havia balas que pegaram uma criança em uma creche ao lado. Talvez o leitor entenda porque hesito passar muito tempo neste ambiente de hoje em dia. Houve um artigo na "Veja": "Lugares aonde os cariocas nunca mais podem ir".

Jantar com os Dantas

Foi com Audálio, Vanira, as filhas Juliana e Mariana e Da. Olga (a mãe da Vanira). A noite foi boa - bom papo, um coquetel e um jantar gostoso de picanha, arroz, outra carne, vinho do Vale do São Francisco, e flan, (repeti).

Reminiscências: Audálio é Presidente da Associação Ulysses Guimarães em São Paulo (foi o vice-presidente da Câmara de Deputados em Brasília sob U.G. quando esteve no congresso.) O Globo adquiriu o jornal onde fazia colunas, "O Popular", e Audálio se demitiu (voluntariamente). Mas, ainda trabalha com "All.com".

Audálio mostrou fotos da última viagem – a Iraque! Fotos de Bagdá e Babilônia. A política de Audálio é da esquerda e está oposto à política dos EUA oficial. (Tal como a maior parte dos Brasileiros). Tocou música de Bach, do Quinteto Armorial, e "St. John's Passion". (No carro vai sempre ligada a música de emissora clássica.)

De volta ao hotel. Finalmente houve um bom papo com Antônio Olavo. De raízes muito pobres, sem título universitário, ganha a vida por fazer filmes curtos documentais. É da extrema esquerda (se daria bem com a política da nossa filha Katie). Mas, foi o filme sobre Canudos que lhe deu muita abertura e abriu portas para ele no Brasil. Apesar de tudo, a vida é precária. Dei-lhe as dicas possíveis para compartilhar o filme com "brasilianistas" nos EUA. Outra atividade: faz calendários espetaculares que vende para $.

Pela primeira vez dormi bem na viagem, 6-7 horas talvez. Comera tanto o dia anterior que agora estou com pouca fome. Por primeira vez em todas as viagens ao Brasil tomei a decisão de cortar a viagem e voltar cedo para casa. Devo sair esta noite às 10 de São Paulo, logo a Dallas, e a Fênix. Iria me aposentar logo neste ano da ASU. Mas, houve outras razões:

Fiz tudo o planejado no congresso e na USP com Plínio Martins.

Vi Audálio e a família.

Se não sair agora, terei dois dias "mortos" no fim de semana em São Paulo sem ninguém para me acompanhar. E estou sem desejo de fazer turismo sozinho.

E teria seis dias no Rio com só dois encontros planejados. A única perda sendo não se encontrar com Roberto Froelich.

Não há nenhum motivo profissional para o Rio, e não há nenhum outro contato social, daí, sozinho por cinco dias! Fiz isto em 2001; não quero repetir.

A parte financeira: não terei de pagar o voo para o Rio. O pênalti de 100 dólares para trocar o bilhete não foi cobrado; teria gasto muito mais do que isso se tivesse ido ao Rio. O hotel em São Paulo foi pago pelo congresso.

Escrevi para Keah (em inglês): "My peace of mind and perhaps yours has no price. I'll be back in Phoenix one week early and will still have several days to settle matters at ASU and close my office. There will be time to practice and prepare for the Colorado music gig – Christina's Restaurant."

É evidente agora reescrevendo estas notas revisadas pela primeira vez em 2009 que realmente racionalizei a decisão de sair cedo do Brasil. Há uns que possam dizer que foi uma decisão boba, mas o meu "espaço mental e emocional" foi o que foi. Já notei as razões pela decisão.

Últimos dias em São Paulo, notas no aeroporto

Falei com Antônio Olavo no hotel, a despedida. Perto do hotel, na outra esquina, havia uma ótima loja de arte folclórica nordestina. Tive tempo para olhar o estoque – entre outras coisas bonecos de barro de Caruaru e xilogravuras de J. Borges. Dei-lhes meu nome e o título do livro na EDUSP. A firma tem 80 anos em São Paulo; pareciam realmente apreciar minhas dicas sobre a arte nordestina, o cordel, etc. A filha vai a Pernambuco para fazer as compras. Havia muitas pinturas que gostaria de ter em casa.

Fiz a última chamada a Audálio, a despedida. (Um aparte: uma chamada para um celular desde o hotel custa 5$ USD!). Foi o dia de Corpus Christi – 100 mil pessoas na Praça, missa do Cardeal Arns.

Peguei táxi ao aeroporto, 24 $ USD, pouco tráfego para São Paulo. Custou 25 minutos para fazer o "check-in". Queriam cobrar 100 $ USD para mudar o bilhete, mas, quando falei dos motivos da volta, dispensaram-no. Aí havia três horas de espera para o voo internacional; comprei o ultimo livro de Luís Fernando Veríssimo e o li na espera. (Escrevo estas notas na sala de espera do aeroporto comendo noz de caju e tomando cerveja. Estou começando a relaxar-me, e não é devido à cerveja). Estarei em Mesa amanhã e daí chamo a você em Colorado. Vamos ver se encontro doce de coco e chocolate de presentes!

O presente seu de aposentadoria para mim, a bolsa de Bean's, me serviu bem, contanto que me lembrasse de todos os compartamentos.

Não vi nada de livros da Hedra no aeroporto; estão no computador, mas não nos estantes (em 2009 foi um sucesso esta série). Meu livro sim estava na livraria da EDUSP.

Aparte "brasileiro": no hotel havia um rapaz que cantava no bar da Lorena, muita coisa dos EUA, mas em Português! E a MPB do Brasil dos anos 60; reconheci quase tudo. Mais uma vez – vivi no Brasil em minha opinião na melhor época de música popular e cultura popular. Há tanto para agradecer – pensando na minha nova "carreira" de música em Colorado a vir.

Aparte turístico: O vestir em São Paulo.

Jaqueta, muitas de couro, para o tempo frio de inverno. Minha jaqueta verde me salvou o dia, muitos momentos de frio. Mas, também havia momentos de calor, manga curta no congresso foi ótima.

Meu português melhorou com os dias em São Paulo. Natural. Mas, depende totalmente do ambiente, se há barulho na área, e a dicção da pessoa que fala. Os cumprimentos do meu português na mesa redonda ante 200 pessoas foram incríveis.

As mulheres – não vi em são Paulo as mulheres "lindíssimas" como no Rio, nem o decote, etc. Em parte foi o clima, mas, também de fato São Paulo é mesmo diferente da "terra tropical" do Rio.

Notas do aeroporto em São Paulo – o futuro

Escrevi: "A questão mais importante é O FUTURO"!

Reconheço minha timidez e temeridade ao tratar com o Brasil nesta altura da carreira e da vida. É uma coisa muito complicada, mas, provavelmente se reduz as mudanças aqui no Brasil na época final de minha pesquisa do cordel etc., e as dificuldades ao tratar esta situação.

Reconheço que tudo isso poderia ser interpretado como uma falta de flexibilidade a buscar novas aventuras na vida por minha parte, mas é o que é. Penso em casa no Arizona. Acho que por fim, me viro "escritor de gabinete", o tal odiado pelo mentor Luís da Câmara Cascudo em 1966, o que não era, mas, já sou.

Penso na minha "exsusa" para sair cedo de São Paulo: a minha "oferta" de fazer música em Colorado, a nova "carreira" e a necessidade de me preparar para isso.

O desconhecido serão os projetos para o futuro na aposentadoria. Eu me sinto, já, melhor, pensando nisso no aeroporto. As ideias para os novos projetos, a verba para as viagens, o jeito de publicar os livros no futuro; por enquanto tudo está "na gaveta".

Acho, com o tempo, o entusiasmo para o Brasil voltará. Grande "hobby" será os livros de memórias, os "snapshots", como o projeto "The Farm" (livro sobre a juventude em Kansas). E de fato assim saiu, tenho que fazer a contagem – talvez 10 volumes de memórias pela Trafford Publishing, todos eles baseados nos diários de viagem feitas durante quarenta anos! E meu site na internet - o "currancordelconnection".

Acaba de "pegar-me entre os olhos": eu me dei conta do mundo muito especializado de minha pesquisa, meus escritos, meus interesses no Brasil, e meus livros no Brasil. Mesmo que me falassem os professores no congresso da reputação do meu trabalho e livros no Brasil. Só há interesse muito limitado no cordel e consequentemente, meu trabalho. Plínio e outros pensam de outro modo – necessito acreditar nele! "Retrato" será o cúmulo, se sair. (E de fato, saiu.)

O futuro – Arizona e Colorado na aposentadoria. Começar os hobbies de rutina de verão, o pescar, o "trekking", flores, música nas montanhas, e o que sair da experiência de Fort Lewis

College (o curso para aposentados, infelizmente, foi só durante um ano, mas lecionei "part - time" ASU entre 2002 e 2011).

Vamos ver como tudo se evolui. Nada fácil. Um desafio para o futuro. A prioridade número 1 é nossa vida juntos, você e eu, e Katie.

Pois aí foi o fim dessas ruminações, voltando a casa em 2002 e o começo de vida nova de aposentado.

Passaria o tempo e os anos até 2005 e a primeira volta ao Brasil na aposentadoria. Já com outra perspectiva, as notas da viagem seguirão no próximo capítulo.

CAPÍTULO IX

O BRASIL 2005

Motivo

Tratar o manuscrito de "Retrato do Brasil em Cordel" em São Paulo, turismo, e o congresso em João Pessoa

O voo e a chegada a São Paulo

Peguei o "super shuttle" ao aeroporto em Fênix, tudo bem. Houve uma demora de duas horas para o voo a Dallas. Peguei o "sky-train" ao terminal internacional. Calado e frio. O voo da American: a novidade foi que tive que pagar um "scotch"; a época de um drinque "grátis" já passou. A comida foi a mínima, mas "ok".

Dormi pouco ou nada, sentindo-me terrível na chegada em São Paulo.

Vista do Hotel Century Paulista, 2005

A chegada em São Paulo. Houve uma demora longa na alfândega, mas sem "encrencas".

Peguei ônibus do aeroporto ao centro de São Paulo, e logo houve uma corrida curta de táxi ao hotel. O hotel é bonzinho, a vizinhança boa, mas me senti meio perdido. O labirinto de São Paulo!

Liguei para Audálio Dantas; foi bom falar de novo com o amigo. E marquei encontro na EDUSP com Plínio e a revisora Marilena para falar das revisões de "Retrato".

Entrevista na TV São Paulo

A primeira surpresa: Audálio já marcou uma entrevista na TV São Paulo para a tarde de hoje. Ele me pegou no hotel e fomos diretamente à emissora da TV São Paulo, local impressionante na própria Avenida Paulista, no prédio da Câmara de São Paulo. É como o PBS nos Estados Unidos, um programa intelectual sobre literatura.

O interlocutor se chama Levi Ferrari, um tipo bem "suave". Na entrevista minha falamos de "História do Brasil em Cordel", do cordel mesmo e da literatura brasileira, um total de uns 20 minutos. Tudo foi feito para videoteipe mais tarde. O canal é da elite, um público muito pequeno. Acho que saí bem. Vanira (a mulher de Audálio) disse que faria cópia para mim; nunca recebi. Depois, Levi nos convidou a atravessar a rua e tomar um café; eu quase que quase estava me sentindo parte do ambiente de São Paulo – i.e. Avenida Paulista, a TV, um momento social com os "literati". Recebi um complimento de Audálio: o livro meu está livre do jargão literário e realmente é uma contribuição ao tema. Ele continua como uma das estrelas do jornalismo e o cenário literário de São Paulo, além da presença na TV.

Almoço com os Dantas

Convidei Audálio, Vanira, Mariana e Juliana para o almoço no domingo.

Audálio Dantas revistando perguntas de Katie Curran para o MST

Depois fomos ao escritório de Audálio onde ele refez as perguntas da nossa filha Katie para a entrevista com a gerência do "Movimento Dos Sem Terra," o MST. A entrevista já está arranjada com o Videógrafo por 50$ USD.

Ao hotel às 9 da noite; eu exausto. Serviço de quarto: filé e cervejas. Notas no diário; tentei ligar para os Luyten, sem sorte. Deveriam estar em Santos.

Eu, sozinho amanhã; farei turismo.

Sábado, 10 de setembro, Curran faz turismo em São Paulo

Dormi um pouco, estou um pouco melhor. Bom café da manhã. Respirei forte e caminhei à Avenida Paulista onde peguei o metrô para a Praça da Sé e a Catedral Metropolitana. A igreja estava lotada de gente – a ocasião é um costume local, a coroação de santos de bairro, para cada bairro de São Paulo. Daí o santo pode ser levado às casas dos fiéis dos bairros.

Mark fora da Igreja Metropolitana

Pátio dos Jesuítas, São Paulo

A Praça da Sé. Vida popular em São Paulo, um pouco como as praças nas cidades nordestinas vistas antes. Mas, um pouco "folclórico" e assustador.

Aparte: algo diferente - o hotel é quase sem barulho as 11 da noite, fora do ordinário nas minhas experiências de hotel no Brasil.

Ao "Pátio Do Colégio", o colégio fundado pelos Jesuítas em SP em 1554! Tem um reliquío – os ossos do Padre Antônio Anchieta! Vi o museu, o pátio, e comi no restaurante. Muito agradável. O tempo excelente – ar fresco, ar limpo com muito sol.

Aparte: o Metrô. "Pouca gente" no sábado, muitas linhas e mudanças, mas muito limpo. Um sistema bom. Diferente da sujeira do Madri.

Boi, criança fora do MASP

Decidi voltar para o MASP, o Museu de Arte de São Paulo, um dos melhores do continente. Foi bom; não é só o melhor museu de arte do Brasil, mas havia uma exposição "viajante" do impressionismo, cem obras dos mestres. A minha esposa Keah conhecerá a todos. O meu predileto ainda é o Renoir. Um almoço completo no museu, o metrô à casa. Cansado.

Assis Ângelo em casa

Assis Ângelo, bonecos de barro em Casa

Liguei para Assis Ângelo, o mestre de cultura nordestina em São Paulo, mas, também a cultura popular, e jornalismo. Um "guru" disso em SP. Por milagre, estava livre, daí depois de várias mudanças de metrô, fui ao seu apartamento – um verdadeiro museu de cultura nordestina! Falamos da "TV Internet" de SP onde ele tem um programa grande. Depois fomos a um "pé sujo" na mesma rua, muito barulhento. Falamos de tudo, de política, do Brasil, etc. Ganhei de presente um livro chamado "Cordel do Metrô", CDs e DVDs. Logo peguei o Metrô à casa. Exausto, pedi serviço de quarto, um grande sanduíche e 2 cervejas. Aproveitei a ver um documental na TV – "Os Jesuítas no Sul do Brasil"

Domingo, 11 de setembro.

Vai ser um dia bom para descansar. Dormi bem, 7-8 horas, bom café da manhã.

Na feira de artesanato do Estado de São Paulo

Audálio me apanhou ao meio – dia, a cidade e o trânsito calmos na manhã de domingo. Fomos a sua casa onde conheci a mãe de Vanira, as filhas Mariana e Juliana. Tive que recontar a estória dos ursos na chácara de Colorado mais uma vez a Mariana; tinha escrito uma estória na escola sobre isso. A Juliana já "um broto", 17 anos; fará o vestibular para a universidade no outono.

Galeria de fotos do passeio ao Parque Água Branca e a Feira do Artesanato do Estado de São Paulo

Audálio, Vanira e Mariana, a Feira Artesanal do Estado de São Paulo

Audálio provando cachaça na Feira

Bailarinas bolivianas na feira

Audálio na floresta do parque

Os Dantas me levaram em um bom e inesperado passeio – ao Parque Água Branca, com o bambu, árvores velhas e grandes, e água de coco. Uma vez ao ano há uma feira artesanal de todo o Estado de São Paulo, bem civilizada em comparação a bagunça da feira nordestina no Rio. Chama-se a feira "Revelando São Paulo". Havia artesanato de todas as municipalidades do Estado. Foi bem organizada, limpa com coisas boas. Tirei fotos, de objetos de madeira, pássaros, peixes e trens! E havia bailes folclóricos regionais lindos. Vi bolivianas, pessoal de Paraguai, alemães e russos.

Depois tivemos um bom almoço perto do Estádio do Pacaembu, sob as árvores ao ar aberto, tempo bom. E o melhor, calmo sem barulho. Foi aquele jeito de pagar pelo quilo, mas, havia comida boa: salada, filé de salmão, arroz e feijão, e cerveja. E um aperitivo gratuito antes de comer – a batida de coco! E batida de maracujá. E café. Andei "relaxed" e podia contar piadas e rir, nada de stress! Este virá amanhã com o metrô e o táxi à entrevista com o MST e logo a corrida à EDUSP.

Hoje a cidade de São Paulo me pareceu muito boa para viver, calma, clima bom, pouca poluição ou tráfego. Esqueci de dizer; a feira ficou em Higienópolis.

As 5 da tarde Audálio me levou ao hotel; descansei meia hora e logo caminhei uns 5 quarteirões a Avenida Paulista onde fui a um shopping grande e moderno. Os filmes não me atraíram e, daí, só fiz "shopping de vitrine" numa livraria e a casa.

Um bom fim de semana em São Paulo, algo nunca experimentado por mim antes.

Aparte: eis o jeito em SP para voltar ao Guarulhos: pegar táxi ao aeroporto de Congonhas, daí pegar um ônibus gratuito ao Guarulhos, mas, sempre se tem muito tempo.

Aparte de Audálio: "Não sou católico "orgânico"! (gostei) Eu gosto só de "Missa Lite", de 30-40 minutos, e a velha música gregoriana! Não gosto da missa "moderna".

O outro dia não saiu como esperava eu: eu me levantei as 7:15, tomei um café rápido, tomei banho, isso para estar pronto para o que vier com o MST. Gustavo, o secretário ligou as 10 e falou que o chefe Gilmar Mauro andava "muito ocupado", e o secretário me falaria as quatro com as novidades. Audálio diz que como o resto do Brasil, o MST não carece de burocracia.

Com Plínio Martins na EDUSP

Outro imprevisto – uma chamada da Marilena na EDUSP. A USP está em greve; eles tiveram que sair do prédio da EDUSP e estão temporariamente na Escola de Comunicações e Artes (ECA). "Posso chegar agora"? Claro que sim. Peguei metrô a Vila Madalena, e um táxi a USP. Havia reuniões de estudantes sobre a greve.

Plínio, como sempre, muito simpático, parecia feliz a ver-me. Ocupado no telefone, daí falei muito com a assessora Marilena. Casada com um filho, originalmente de Santa Catarina, (loura e bela), formada na USP em 1992. Leva cinco anos de serviço na EDUSP, agora no escritório do Plínio (acho que é 2a. em comando). Já leu e corrigiu o manuscrito original de "Retrato" até o quinto capítuo e está com muitas correções e umas perguntas (o jeito é para eu levar os cinco a casa, ler, comentar e mandar as mudanças pelo e-mail). Falou que meu português "é bom", mas, "nós não o dizemos assim". Mas, não há "re-writes". Acontece que não teve a versão atualizada minha com as notas – foi bom que trouxesse eu o "backup" em CD. Foi simpática; mas falou que há muitos outros projetos, muito trabalho, e só espera terminar a revisão para o fim do ano (2005). Havia conversa boa, umas piadas. Tirei fotos dela, eu e Plínio.

Levei o Plínio para o almoço, bom papo; falamos dos EUA, na Guerra em Iraque, o furacão nos EUA, e a corrupção no Brasil. Note: Plínio não gosta do MST, estão "vivendo da graça do governo", até 40 milhões de reais!

Detalhes do "Business" de editar livros. Há 300 livros agora na EDUSP a ver e revisar, 100 no Ateliê. O custo de imprimir é uma atrocidade; com 90 dias a pagar. Escrevi, "I shall not hold my breath waiting on mine." Que irônico, vendo isso em 2015. Mesmo assim, realmente gosta do meu livro e o vê como "álbum" juntando texto e arte. Tem todos os folhetos originais que vai escanar no livro (e foi feito isso na prova vista em setembro-outubro de 2009). Ainda pensa em um livro "bonito". Quase por casualidade, eu lembrei meu compromisso de dólares ou subsídio – ele não se lembrou da quantidade ou quando devia recebê-la. Falei eu, "no lançamento". Quer "cash"; cheque é complicado, não dá!

Ao hotel eu, exausto, organizando as malas para a viagem. Não há nenhuma maneira de adivinhar o que vai acontecer nos próximos dias. Mas, amanhã de noite devo pegar o avião ao Rio aonde pretendo descansar. Não aconteceu.

Entrevista com Gilmar Mauro do MST

Peguei metrô a Barra Funda; e caminhei 6-8 quarteirões à gerência do MST de São Paulo onde fiz a entrevista com Gilmar Mauro, membro do Conselho Nacional do MST. A entrevista foi ótima, o videógrafo arranjado por Audálio era muito profissional (soube depois que Roberto, o videógrafo, não terminou a faculdade e me falou das condições abismais para os graduados de faculdade – não há emprego. Boa praça.)

A entrevista foi ótima, como disse, e se consigo levar para casa, será uma das melhores para o filme da filha Katie. Tudo isso tem que ver com seu filme "Greening the Revolution," sobre a agricultura de subsistência no mundo, um filme muito badalado anos depois em festivais, etc.

Detalhes da vida de Gilmar. Acabou só o oitavo grau, e aí a família foi "despossuída" e todos moravam em um dos acampamentos do MST. Ele fala como politico (isso já é outra coisa). Ele na entrevista foi muito além das minhas expectativas – tinha TODAS as respostas às perguntas. Seria um processo longo o "logging" para o filme, mas o prazer foi meu. (Ver a entrevista para o conteúdo de tudo; um bocado saiu no filme.)

Saída de São Paulo e o voo para o Rio

Almoço "lite" no hotel; Audálio andava ocupado, daí peguei o táxi ao Congonhas, o ônibus da TAM ao Guarulhos (45 minutos), a aí a burocracia a pagar a taxa do aeroporto. A TAM faz a American Airlines parecer de terceira classe! Houve um voo rapidíssimo ao Galeão, mas com almoço rápido e quente de pizza e um aperitivo – serviço normal de classe turística.

Peguei o ônibus REAL (vagabundo) na chuva passando através o centro do Rio, com a saída na chuva com a mala pesada na Rua Santa Teresa ao hotel. Foi bem diferente do hotel em São Paulo, o mínimo para o preço; não há serviço de quarto, porém pode-se ligar para fora para a pizza! O quarto foi pequeno e com muito barulho de rua.

Sumário de São Paulo – ótimo, aproveitei e consegui fazer muito, a vida social foi boa com os Dantas. O único que não tem – mar!

Na Fundação Casa de Rui Barbosa e o encontro com Raquel Valença

Dois quarteirões do hotel há a parada do ônibus do metrô, tráfego horrível, 10 quarteirões daí ao metrô e daí foi fácil a Rua São Clemente, a caminhada antiga, familiar a Casa de Rui Barbosa. Chuva e guarda-chuva.

Novidades. No centro de pesquisa estive com a diretora Raquel Valença (foi ela, disse, que corrigiu meu "Grande Sertão: Veredas e a Literatura de Cordel", o estudo de 1985 que ganhou o prêmio Orígenes Lessa.) Falamos dos "tempos velhos", de Thiers Martins Moreira, Homero Senna, Maximiano Campos, Sebastião Nunes Batista, e Adriano da Gama Kury (já com 81 anos, sofreu enfarte há 8 anos). Pensei: a Casa de Rui é como campo santo – todos que conhecera já idos ou mortos!

Falou da possibilidade de um "cursinho" por mim, 10 dias na Paraíba, 10 dias na FCRB. Ra ra. Consultei a biblioteca, vendo poucas novidades. E vi meu livro de RCC "mofando-se" no porão da FCR. Foi e ainda é o pior caso de distribuição dos livros meus no Brasil!

Galeria de fotos do encontro com o ex-estudante da ASU, Roberto Froelich

Mark e Roberto no "pé sujo" e "choppe" no Rio

Mark na praia de Copacabana

Vista completa de Copacabana

A calçada de mosaico, Copacabana

Saí as duas a um almoço pelo quilo, voltei para Copacabana e caminhei ao Othon onde encontrei um bom ponto, o "lounge" do segundo andar, calmo e calado e com vista linda para o mar, onde esperei a chegada de Roberto Froelich. Houve um papo de uns 30 minutos e depois a um pé sujo, cerveja, papo excelente e depois uma janta de galeto, molho à campanha e arroz, mas, sem as muitas cervejas de tempos antes.

Roberto já é Kardecista e um pouco na umbanda; explicou em detalhes. Possui leitura vasta da literatura brasileira. Falou dos dias na ASU, dos amigos Darío e Douglas, este já milionário de imóveis no Arizona. Roberto vive de traduções, dá aulas, vive de mês em mês. Deixou o violão, dando-o de presente a outros (acho por conselho de umbanda). Diz do MST que é já politico e a maioria dos brasileiros não gosta dele, vivendo do governo. Diz que a pobreza e a violência no Rio são incríveis e viu-os piorar nos seus 16 anos no Brasil. Roberto faz trabalho voluntário em Jacarepaguá, uma viagem de uma hora e meia de ônibus. O amigo Doug ofereceu comprar-lhe apartamento no Rio. Mas, mora agora em Chapéu da Mangueira, uma favela. Aí ouve o barulho de tiros à noite. Os traficantes o conhecem, mas o deixam em paz e o chamam de "professor". Gostaria de ser professor de faculdade, mas não aguenta os temas de crítica literária da Academia ou a bagunça de faculdade hoje em dia. Dá livros aos favelados. Deu uma aula sobre "Grande Sertão: Veredas".

Vista do hotel no Rio

Acontece que há uma favela imediatamente atrás do meu hotel; o túnel da Avenida Barata Ribeiro é bem atrás. Vejo o movimento da janela do hotel, o pessoal na rua bebendo de noite. Fiz turismo com Roberto hoje: ônibus, metrô à Cinelândia, no bar "O Amarelinho" em frente do Teatro Municipal, a Biblioteca Nacional e o Museu Nacional. Tomamos guaraná e Roberto fala do Kardecismo e me deu "O Livro dos Espíritos". Caminhamos pelo centro, vendo a livraria da FUNARTE. Comprei mais 16 folhetos de cordel de Gonçalo Ferreira da Silva e o livro da Hedra sobre João Martins de Atayde. Bom almoço de galeto, molho à campanha, batata frita, arroz e "choppe". Fomos à Praça 15 e pegamos o barco a Niterói; aí houve uma caminhada longa ao Mercado São Pedro, mercado de peixe – lulas, polpa, sardinha, salmão de Chile, camarão e mais uns 20 tipos de peixe. Daí a barca de novo ao Rio; a praia da Copa, cervejas, o dia lindo, ondas grandes de ressaca.

Estou agora andando um pouco cansado. É que faltou a sesta e estou começando uma gripe. Já chega o fim de uma semana no Brasil. Fomos a um café com churrasco "pelo quilo", canja, picanha, arroz e uma cerveja, 5$ USD. Note: troquei dinheiro, um dólar: 2.25 reais (tempos depois caiu 1.7 R ao $, o valor caiu muito; lembre disso para a próxima viagem.)

Pois, até agora não senti a solidão "normal", mas, o tráfego, o esforço de falar português, a poluição e a multidão de gente me afetam. A nossa vida no Arizona e Colorado em comparação é fácil mesmo! Apesar de tudo, Roberto salvou o dia no Rio!

Ultimo dia no Rio, 16 de setembro.

Achei São Paulo muito menos barulhento, poluído e cheia de gente do que o Rio! Mas, ainda tem a praia e o mar!

Café da manhã; devolvi os folhetos sobre a filha Daniella na portaria para Glória Pérez. Caminhei de um fim ao outro na calçada da Copa, vendo o mercado de peixe perto do Forte. Fiz as malas. Depois estive mais uma vez com Roberto no Sindicato do Choppe, depois a janta na minha "churrascaria" O Braseiro; e logo fomos a um pé sujo até as 9:30. Roberto queria continuar a farra e falar dos tempos velhos; falou da dívida que tem para comigo nas aulas na ASU e falou algo estranho, "você não me verá mais". (De fato isso aconteceu; só tive notícias que ele se mudou para fora do Rio, morando numa granja.) Os dois nos emocionamos. A despedida e a saída; eu a dormir a meia noite.

A saída do Rio e "sofrendo" em Salvador

Um taxi rápido ao Galeão, sem problemas, o aeroporto antisséptico depois da cidade. Depois houve a chegada a Salvador, "frescão" ao hotel, a corrida linda na orla ao hotel.

Mark "sofrendo" no hotel em Salvador

A reserva do hotel foi feita através da internet para esta viagem. Fica no "Corredor da Vitória", ótimo lugar com vista do mar, mas meu quarto dando para dentro (para a rua) e com o som de martelos no andar de cima. Consegui trocar no outro dia.

O novo quarto está em um andar alto, dando para a piscina. Há um "bonde" da piscina no andar do lobby descendo uma ladeira à baia mesma onde há um bar e outra piscina. A água verde-clara tem profundidade de 7-8 metros e não me atrevo a mergulhar. Em vez disso nadei na piscina de lá em cima, fora do lobby. Almoço leve, o estômago vai mal.

Mário, Laís, Mark, almoço no porto, Salvador

Reencontro com os Barros

Mário Barros ligou; aí almoçamos e houve um bom papo em um restaurante elegante no porto. Laís já trabalha de "terapia familiar" com o próprio consultório. Falou de um congresso de oito dias em Fortaleza. A filha Carla está casada com Anderson e moram em Brasília; se conheceram em um estágio de trabalho dela em Belém do Pará. Estão contentes e moram em Brasília.

O filho Eduardo está com seu grupo ou banda em São Paulo; vai bem.

Mário diz que o trabalho trata com novas técnicas para extrair o petróleo; ele junta brasileiros e estrangeiros interessados no processo. Viaja bastante a Houston e a Los Angeles. Se vê bem, cuida bastante de si mesmo, "magro" e agora careca como eu!

Vamos a sua casa na praia, mas, há mudanças. O barulho no bairro é maior, o pessoal está alugando suas casas a estrangeiros que vêm para a farra e o sexo. Até o afoxé Oludum esteve uma noite em frente da casa. Já foram embora a calma e a paz no bairro.

A mãe de Mário morreu; o pai mora em Porto Alegre. Mário vai por três meses a PA a cuida-lo. Mário fala que talvez se mudem de vez para PA. Fala da escassez de facilidades médicas em Salvador, pensam em comprar um apartamento no centro, perto dos médicos etc.. Não querem dirigir tanto na velhice. (Acho um pouco cedo para pensar nisso, mas sei lá.)

Falei de nós, de você Keah, do filme da Katie. Mário está totalmente deludido com a política, incluindo o Lula e o MST, da corrupção e a burocracia no Brasil. Laís e Mário ainda se lembram dos dias na ASU, do Vânderley no apartamento. Um bom encontro. Será o último, me pergunto, em 2005?

Andanças em Salvador

No outro dia: café da manhã no café do hotel com vista do mar. Ônibus cômodo à Praça da Sé, passando pela velha pensão dos anos 1960 na Piedade. "A Portuguesa" já foi embora.

O Mercado Modelo, Salvador

O centro histórico se vê melhor, os prédios pintados. Caminhei à Igreja de São Francisco, a predileta minha no Brasil, a mais famosa da Bahia e talvez de todo o Brasil. O barroco do século 17 (com os anjos gordos, o ouro pintado). Assisti a missa, um casal renovando os votos de casamento, o coro e harmonia das vozes. Interessante ver o pessoal durante a missa e contemplar a beleza da igreja. Foi bom para mim, tudo calmo, tempo para contemplar e pensar. O barulho, a batucada de Oludum ouvia-se fora da igreja durante a missa.

A Fundação Casa de Jorge Amado estava fechada; talvez vá amanhã; pensei: não preciso mais me esforçar nessas coisas. O velho café no Pelourinho também está fechado.

Caminhei de volta ao Elevador Lacerda com aquela vista bela da Bahia. Pouco tráfego, tudo calmo. Desci ao Mercado Modelo, já pintado de novo e bonito. A barraca de cordel do Rodolfo ainda está, mas está fechado hoje. (Finalmente me dei conta que era feriado.) Subi ao bar de "Camaféu" o lugar da "serra mecânica" da vez passada; mas não almocei porque só tinha comida baiana e o estômago andava mal Aí peguei o elevador, tudo renovado, bonito.

Voltei ao hotel, agora com quarto no 23o. Andar! Com aquela vista do mar! Almocei lá embaixo as 3:30 da tarde, o horário totalmente louco. Sanduíche de filé e coca cola e uma cerveja. Escrevendo estas notas enquanto apreciando a vista da Bahia. Estou gostando do tempo calmo, faço e-mails a você no hotel, nado na piscina, a dormir as 10:30.

19 de setembro, ultimo dia na Bahia.

Amanheci com a incrível vista da Bahia. Café relaxado. Peguei ônibus a Praça da Sé, ao Mercado Modelo, a barraca de RCC fechada. Acho que acabou mesmo (como falou Carlos Cunha tempos antes). Fiz uma visita boa a Igreja antiga da Conceição da Praia, da Virgem que levam a Bonfim na procissão com o candomblé e a lavagem das escadas da igreja pelas baianas.

Elevador a cidade alta, ao Terreiro de Jesus e depois ao Pelourinho e a Fundação Jorge Amado; muita nostalgia de tempos idos, meu livro sobre Jorge já esgotado há anos. Papo com Myriam Fraga, ainda a diretora. Muito simpática comigo e mostrou muito prazer ao ver-me. Falou do saudoso Jorge, da Zélia, já com 89 anos (morreu depois desta viagem minha de 2005). Falamos de Carlos e Edilene, ela agora em São Paulo, casada de novo. Aparte: uma das moças da FJA falou que o meu livro foi o mais procurado da coleção inteira!

Há atividades culturais relacionadas ao cordel em todas as partes – teatro, música, dança, muita coisa "falsa", "coisas de moda", mas, nada de cordel mesmo! Lembro que tive o primeiro livro no Brasil com esse título. Sugestionaram na Bahia que falasse com Plínio para fazer lançamento de "Retrato" na FJA na Bahia; sei lá.

Voltei ao hotel, almoço ao lado da piscina, de novo um sanduíche de filé, arroz, "choppe". Liguei para Cunha e devo estar com ele esta noite no hotel, mas, não conto com isso.

Muito tempo sozinho aqui em Salvador, muita solidão, mas, fiz o que pude e saiu bem. Acho que estarei bastante ocupado em João Pessoa e fiz bem deixa-lo para o fim da viagem. Tem "frescão" do hotel ao aeroporto; o pessoal de JP mandou e-mail e vão me apanhar no aeroporto de João Pessoa. (Faço muitos e-mails do hotel esta vez, que bom. Espero que você esteja de "Hiking". Katie falou que vai visitar o Courtney. Estou sentindo muitas saudades de você e de casa, será bom ver-te e contar as novas.)

A Bahia tem sido boa experiência, nada de remorso do plano de vir para cá, mas, talvez foi por um dia demais.

Da Bahia a João Pessoa e a abertura do congresso

De passagem, o hotel em Salvador custou 70$ USD por noite. Fiz o "check out", uma espera de 20 minutos pelo ônibus, mas tudo bem ao aeroporto. Economizei 50-60 reais pegando o ônibus.

No aeroporto conheci dois senhores que acabaram dizendo: VOCE É O CURRAN! Keah, já te contei: conhecem-me, pelo menos do trabalho e dos livros, neste Brasil, digo o pessoal acadêmico que tenha algo a ver com o cordel. São Luís Barreto e Jackson do centro de pesquisas de Aracajú.

Mark e o mar em João Pessoa

Um empregado da Fundação José Américo me apanhou no aeroporto, uma corrida longa ao hotel, este modesto, mas com vista distante da praia de Tambaú. Fui à praia e molhei os pés no mar! Serviço de quarto e um bom banho, nadando na piscina do hotel que fica no andar superior com vista linda do mar. Fiquei sem tempo para sesta; tomei banho e peguei ônibus à abertura.

O congresso é um grande evento social evidentemente, com 200-300 pessoas presentes, vestidos quase formalmente. Honram a Néuma Fechine Borges, velha amiga e colega de pesquisa minha no Brasil – há anos. Dr. Honoris Causa da Universidade de Poitiers. O governador estava presente e o Secretário de Educação, Neroaldo, que conheci no congresso do Recife em 1989. Outros: Eduardo Diahty Meneses de Fortaleza, colega de pesquisa, Luís

Barreto do avião de Aracajú, Ivone Maia da Fundação Casa de Rui, (ela responsabilizando-se pela digitalização da obra de Leandro Gomes de Barros), Rosilene Melo da Paraíba.

As palestras e discursos foram aborrecidos para mim, e logo veio o cantador Oliveira de Panelas, evidentemente um dos grandes que ficam (mas com certeza com "estilo" moderno, mas a plateia adorou.)

As pesquisadoras Rosilene, Ivone e outras amigas no congresso

Houve um papo excelente com Rosilene Melo de Campina Grande com um livro sobre a Lira Nordestina, antiga tipografia de Zé Bernardo de Juazeiro. Conheci em 1966 as pessoas que ela pesquisa agora, ela muito curiosa da minha entrevista com Zé Bernardo! Pioneiro! Falou dos cordelistas de Ceará agora, "Os malditos", Fanka, Abraão Batista brigou com a Lira, não sei por que.

Galeria de fotos da "feira" do congresso

Poeta e artista de xilogravura Abraão Batista na feira do congresso

Gerardo Frota e Vânia na feira do congresso

Marcelo Soares na feira do congresso

Poeta e artista de xilogravura José Costa Leite na feira do congresso

O poeta Varneci Nascimento na feira do congresso

Encontros no congresso e um dia longo de palestras

Falei com Abraão Batista, com Gerardo de Fortaleza, e peguei uns 70 folhetos novos na feira do congresso. E cheguei a ver o jovem poeta, rapaz Baiano (já radicado em SP) Varneci Nascimento, com quem já tinha comunicado via e-mail.

Houve um bom papo com Edilene Matos, casada de novo com o Professor Bruno quem era advogado na Bahia. Carol está casada com um filho. Ela agora com Ph.D., livro novo sobre Cuíca, trabalha com os Fundos Villa Lobos.

Neuma envelhece, mas, vai bem (não tão bem, morreu um pouco depois, depois de anos de luta com o câncer).

Dormi mais ou menos, e peguei o ônibus da Fundação José Américo ao congresso. Havia palestras interessantes por Ivone da CRB e de Gerardo sobre o cordel de Abraão Batista.

Cansado, almoço, voltamos às 3. Minha palestra: o microfone ruim e disse com os botões: "Me deram 10 minutos! Viagem de 4000 milhas para isso"?

Cantador, poeta, pesquisador e escritor José Alves Sobrinho no congresso

Havia uns minutos bons com o poeta-artista de xilogravura consagrado de Condado, Pernambuco, José Costa Leite, importantíssimo no meu livro "Retrato". Tive uma entrevista escrita dele dos anos 1960, mas, nunca o conhecera em pessoa antes. E também houve bom papo com Marcelo Soares e Zé Alves Sobrinho (de fama dos livros de Átila de Almeida).

Escrevi: "Keah, não podes imaginar como todo esse pessoal conhece minha obra, trazendo livros para eu assinar (de São Paulo, "História do Brasil em Cordel"), pedindo conselhos sobre a pesquisa do cordel, entre eles um sobrinho de Manoel Camilo dos Santos que conhece o livro de 73; Rosilene Melo de Cazazeiras, logo Juazeiro, logo Campina Grande, outros poetas novos de cordel como Varneci Nascimento, e o veterano Abraão Batista de Juazeiro do Norte. Pensei: Cantel em '64, eu em '66.

Gutenberg Costa, pesquisador do Rio Grande do Norte, e o autor no congresso

Houve um papo bom com Ivone Maia e Fernando, do Recife, este trabalha junto com Robert Benjamim, tratando a história completa do processo de imprimir o cordel, agora com papel melhor e computador e impressora ao lado. Estas novidades trouxeram um "ressurgimento" que ele acha igual aos anos 60. Os poetas vendem em congressos, escolas, algo novo e diferente.

Exausto a dormir as 11:30, acordando as 6 para a viagem a Campina Grande para ver a coleção de cordel de Átila de Almeida, já na biblioteca da Universidade da Paraíba em Campina Grande.

Conversa com José Costa Leite e José Alves Sobrinho, realmente veteranos do cordel. Falaram que sou, para eles, mais uma estrela do que o próprio Cantel.

Tudo isso passará.

A viagem a Campina Grande e o congresso

Fiquei na parte traseira do ônibus, o banheiro com uma peste terrível; tivemos que andar a viagem inteira com as janelas abertas. O congresso: Arnaldo Saraiva do Porto foi concedido 30 minutos e falou uma hora. Comentei um minuto para "esclarecer" o termo "literatura de cordel".

Conheci uma professora da Índia – usou meu livro sobre Jorge Amado na sua tese na Inglaterra!

Alguém comprou "História do Brasil em Cordel" em Maputo, Moçambique – autógrafos.

Aparte: Antônio Lucena de Mossoró fez os xilos para a versão da TV do "Auto da Compadecida" (lembre que Marcelo Soares os fez para "Roque Santeiro").

Almoço sentado ao lado de Luís Barreto e José Costa Leite.

O professor e pesquisador Arnaldo Saraiva improvisando
versos no □nibus a Campina Grande

A volta foi muito divertido no ônibus, com improvisos de verso por Arnaldo Saraiva, vi o lado humano dele, mas, ainda foi difícil perceber tudo.

Depois houve papo com Bráulio do Nascimento, Luís Barreto, Ria (famosa na Europa, cordel), e Gutemberg do Rio Grande do Norte onde está fazendo um bom trabalho lá. E um poeta que apareceu no show de Jô Soares.

Fiquei sabendo mais da história de José Soares, do filho Marcelo, os dias no Mercado São José dos anos 1960. Ver as notas que seguem abaixo. Estarei com Marcelo anos depois em Santa Fe, New México, no Mercado de Arte Folclórica.

Fui convidado a dar palestra em Aracajú no bairro de Laranjeiras por Luís Barreto; prometeu pagar avião e hospedagem. Nunca saiu.

Papo com o velhinho Paulo de Mossoró; falou que o que faço é "raro" no bom sentido. Quer contato no futuro.

Decisões a tomar: quero ir adiante com estas coisas? O velho "pioneiro" fez a semilha e agora tem a colheita.

Entrevista com Marcelo Soares

Última noite do congresso, Marcelo Soares, Mark e outros no congresso

Com a idade de oito anos Marcelo começou a acompanhar o pai José o famoso "poeta repórter de Pernambuco" às feiras; Marcelo carregou os folhetos, pegou o dinheiro dos fregueses e deu troco enquanto o pai "declamava". Viajaram de ônibus e até "lombo de burro", isto é, às feiras perto do Recife.

José teve três famílias, o meio-irmão de Marcelo Jerônimo na primeira, Marcelo na última. Quando José morreu, deixou a barraca no Recife e 20.000 folhetos e a família na pobreza. Em total, com a terceira família, houve um total de 13 filhos; cinco sobreviveram.

Marcelo estava em um estado "terrível de mente" com a morte; iria passar dez anos no Rio e em São Paulo na labuta de ganhar o pão do dia. Fazia xilogravuras, a arte aprendida de José Costa Leite e outros artistas de xilogravura da zona da mata.

Em 1992 decidiu escrever cordel e continuar a fazer xilogravuras. As coisas melhoraram; está casado com filhos. Mora em Timbaúba em 2005.

Escreve o poema de cordel à mão, como o pai, depois bate no computador, e imprime no papel da impressora. Os xilos: faz duas cópias no prelo em casa, escana para o computador, e aí imprime a capa do folheto. Corta o papel, dobra, bota a cola, e está feito o folheto.

É uma ligação genuína às gerações diferentes de poetas de cordel, Marcelo tem um pé em cada mundo, velho e moderno.

Aparte: parece que o amigo e pesquisador Joseph Luyten teve um derrame cerebral: afetou-lhe a memória e a fala em português. Voltou a falar o holandês só ao fim da vida.

Escrevi: "Tem sido uma viagem de altos e baixos, o congresso em João Pessoa salvou o dia".

Aparte: meu português varia, depende na ocasião e as circunstâncias.

A saída de João Pessoa, escala no Recife, chegada a São Paulo e o voo de volta à casa

Café da manhã, fazer as malas, banho de piscina no hotel, internet com a Keah, ônibus ao restaurante, papo muito breve com a Neuma, ônibus à fundação, e a corrida rápida ao aeroporto, tudo pronto para a saída a São Paulo.

Voo rápido ao Recife, 20 minutos. Foi um avião grande da TAM a São Paulo; há de ser o tipo internacional. Houve um papo interessante no avião com uma moça que é arquiteta para SOFETEL, uma grande cadeia de hotéis, passa 2-3 dias da semana para inspeção dos sítios para os novos hotéis, o Brasil está fazendo uma espécie de Cancun ao sul do Recife.

Aparte: os aviões da American Airlines são velhos e sujos, e as aeromoças andam em roupas pouco atrativas; as moças da TAM o oposto, bem vestidas, bem pintadas, e os homens também bem cuidados. Eu me sentia na AA como na velha Aero Condor de Colômbia, só que os colombianos/as se vestiam melhor.

Quase que acabou mal a viagem: em São Paulo custou 1 hora e 45 minutos para fazer o "check-in" internacional, a fila igual à Disneylândia, o momento da saída chegando. Os passageiros estavam todos com raiva, esperando na fila da polícia federal.

Mas, os três aviões aquele dia estavam "na hora"; no voo de volta íamos passar pelo oeste do Brasil, Colômbia, passando por Cancun, ao oeste de Miami e Galveston (daí não preocuparmos da tempestade na Flórida).

Último jantar, um aperitivo, salada, "stroganoff", e bom pão brasileiro.

Últimos pensamentos da viagem

Não é mais uma diversão viajar de avião; "cattle cars and no treats". Pelo menos foi assim na classe turística.

O hotel em São Paulo: ótimo e um preço bom. A comida de serviço de quarto foi boa e não mais cara. Filé, sanduíche. O hotel ficava em um bairro bom. O metro de SP – ótimo. Audálio – ótimo e a Vanira também. A entrevista com o MST ótima. E a feira "São Paulo Revelando" ótimo.

A USP ótima com Plínio e Marilena. Ver o futuro.

Aprendi do sistema de ônibus do aeroporto de SP, economizei muito de táxi, o mesmo com o metrô a USP.

O hotel no Rio – uma bagunça em comparação ao de SP, preço alto demais pelo lugar. O restaurante na esquina com churrasco pelo quilo, ótimo.

A praia e a calçada de Copa ainda lindas.

A visita a Casa de Rui, boa, mas não estou com muito otimismo para contato no futuro; boas memórias no jardim; e Raquel Valença me tratou bem.

O ex-estudante e amigo Roberto. Um tanto misterioso no pensar religioso, mas a personalidade é a mesma! Salvou o dia social no Rio.

Metrô no Rio, bom, aí a gente escapa da fumaça, o tráfego, e o barulho de rua.

Impressão da Copascabana - já é classe média, mas a praia é a mesma, uma maravilha.

A comida: ainda mais barata e melhor do que nos EUA, boa comida com vinho por 6$ US. Mas, nunca fui/vou aos restaurantes de luxo. Fiz o que faz a classe média.

Bahia. O quarto no hotel, a vista do mar, a comida, a piscina, tudo ótimo. Mas, senti a solidão, salvo em parte pela ótima reunião com Mário e Laís Barros. Mais uma vez não consegui estar com Carlos Cunha; promessas sobre o telefone. Não devia leva-lo como coisa pessoal. Trata os outros de maneira igual. Edilene comentou isso em João Pessoa. Turismo bom à Igreja de São Francisco, ao Pelourinho, à Fundação Casa de Jorge Amado onde me receberam bem. Também fui a Igreja da Conceição da Praia; Bahia me parecia mais limpa, melhor cuidada. Os ônibus fáceis de pegar, o Elevador Lacerda e o Mercado Modelo. Foi fácil ao hotel e ao aeroporto, mas, pensei: não há nenhuma necessidade de voltar, pelo menos no futuro próximo.

João Pessoa. Em fim, o congresso foi bom. Foi "a intelectualização do cordel". Havia bons momentos com os poetas mesmos e sua "feira" recriada: com Abraão Batista, Marcelo Soares, José Costa Leite, José Alves Sobrinho e os novos de Ceará: Vania, Gerardo, Varnecí, Francisco Diniz; todos dizendo que "só queremos espaço para vender". Arnaldo Saraiva foi o convidado internacional; e merece. Ria (da Holanda) a convidada de Portiers, mas, acho que fui eu quem foi mais procurado por autógrafos, entrevistas, pedidos a fazer prefácios. Constante, todos os dias.

Eu me dei bem com todos; veremos se Aracajú acontece (não aconteceu). O pessoal de Mossoró gostou de mim, bons papos com os poetas.

Foi bom conhecer e estar com Luís Barreto, Jackson, Ivone, Christina, Gutenberg Costa, Eduardo Diaty Meneses, e Edilene Matos, amiga e colega desde dias longínquos em Salvador.

Aparte: Edilene lamentou que o conhecimento vasto de Carlos Cunha nunca fosse publicado, ou nem escrito. Sofreu Carlos uma depressão séria depois da separação; Bruno já um advogado. Sinésio Alves sofreu uma hemorragia cerebral, a mente já ida.

Papo com a Ria. Gosta do Brasil, parece boa pessoa, caipirinhas com ela.

A sessão com Zé Alves: ele me tratou bem, recebeu não sei como uma cópia da resenha que fiz do livro de Átila e ele, acho para a revista "Chásqui". "What goes around, comes around."

Má sorte eu no tempo dado para falar no congresso, só 10 minutos, mas, os brasileiros ficaram mais chateados disso do que eu.

Viagem a Campina: gostei da passagem, as fazendas de gado zebu, a volta divertida com as glosas de Arnaldo, as piadas da Vânia, as piadas do marido da Fátima; cantei "16 tons" e contei piadas dos astronautas portugueses. Foi engraçado conhecer o especialista do cordel da Índia.

Noite ótima com Marcelo Soares, a esposa e os outros. Ouvir a estória dele.

A Neuma se via um pouco "fraca de saúde", fiquei surpreso que pudesse fazer tudo, levando tudo em conta.

Luís Barreto de Aracaju, suave, parece mais "business man." Mas, no bom sentido, um pouco como Mário Barros, muito profissional.

O português meu: o mesmo. Quando havia boa dicção, entendi tudo, não e não.

Marcos Accioly – o "mandachuva" hoje em dia do Recife; ele me parecia um "dandy" literário como Leodevigário de Azevedo Filho do Rio em 73.

Foi difícil sentir-me cômodo com Roberto Benjamim e vice-versa. Escrevi: "Fez aquele artigo sobre "folk-comunicação" e aproveitou do mesmo. Continua na mesma labuta. Dizem que é mesmo muito abastado de velha família açucareira pernambucana, e vive disso, sem se preocupar "na luta". Mas, é de grande prestígio. É também, "understated", sabe quando fechar a boca e escutar; é grande administrador e "fund raiser".

José Costa Leite: não houve grande entusiasmo nem por ele nem por mim; odéia os folhetos políticos. Ele se lembrou de minhas cartas; foi ótimo finalmente conhece-lo, uma grande presença no cordel.

Rosilene Melo e Maurílio (sobrinho de Manoel Camilo) – foram como estudantes de graduação que nunca tive em Tempe. Ela e Zé Bernardo, ele e Manoel Camilo.

Escrevi: acho que não vai haver outro momento(s) como este. Mas, lembre o bom do Kardec, e o "Golden Rule": saiu bem e sempre sairá: tratar os outros como quer ser tratado. É isso o que sempre fiz e farei.

O futuro visto desde 2005

Pelo menos o cordel será um bom "hobby", ajudará com o tempo na aposentadoria. Era/ foi/ é e será minha vocação profissional. (E assim aconteceu depois de 2005, os livros novos escritos, e o tal.)

Viajar no Brasil é mais difícil para mim.

Pensei: alguém, anjo de guarda (sempre me lembro de Riobaldo e Diadorim), não sei quem, sempre cuidou de mim. Nada poderia ter sido melhor do que essa carreira que tive.

"Keep going, keep breathing, let it flow."

Com todo meu amor, Mark

SOBRE O AUTOR

Mark Curran é um professor aposentado da "Arizona State University" onde lecionava de 1968 a 2011. Ensinava Espanhol e Português e suas culturas respectivas. Sua especialização de pesquisa foi a poesia popular em verso, ou seja, "a literatura de cordel", e já publicou muitos artigos de pesquisa em revistas especializadas e agora quinze livros sobre o cordel no Brasil, nos Estados Unidos e na Espanha. Outros livros feitos na aposentadoria são de índole autobiográfica e/ou refletem as aulas de civilização luso-brasileira, latino-americana e espanhola ensinadas na ASU. Ficam na série "Estórias que Contei aos Estudantes".

Livros Editados

A Literatura de Cordel. Brasil. 1973

Jorge Amado e a Literatura de Cordel. Brasil. 1981

A Presença de Rodolfo Coelho Cavalcante na Moderna Literatura de Cordel. Brasil. 1987

La Literatura de Cordel – Antología Bilingüe – Español y Portugués. España. 1990

Cuíca de Santo Amaro Poeta-Repórter da Bahia. Brasil. 1991

História do Brasil em Cordel. Brasil. 1998

Cuíca de Santo Amaro – Controvérsia no Cordel. Brasil. 2000

Brazil's Folk-Popular Poetry – "a Literatura de Cordel" – a Bilingual Anthology in English and Portuguese. USA. 2010

The Farm – Growing Up in Abilene, Kansas, in the 1940s and the 1950s. USA. 2010

Retrato do Brasil em Cordel. Brasil. 2011

Coming of Age with the Jesuits. USA. 2012

Peripécias de um Pesquisador "Gringo" no Brasil nos Anos 1960, ou, À Cata de Cordel. USA. 2012

Adventures of a 'Gringo' Researcher in Brazil in the 1960s. USA. 2012

A Trip to Colombia – Highlights of Its Spanish Colonial Heritage. USA. 2013

Travel, Research and Teaching in Guatemala and Mexico – In Quest of the Pre-Columbian Heritage, Volume I – Guatemala. 2013

Volume II – Mexico. USA. 2013

A Portrait of Brazil in the Twentieth Century – The Universe of the "Literatura de Cordel." USA. 2013

Fifty Years of Research on Brazil – A Photographic Journey. USA. 2013

Relembrando - A Velha Literatura de Cordel e a Voz dos Poetas. USA. 2014

Aconteceu no Brasil – Crônicas de um Pesquisador Norte Americano no Brasil II, USA. 2015

It Happened in Brazil – Chronicle of a North American Researcher in Brazil II. USA 2015

Diário de um Pesquisador Norte-Americano no Brasil. USA 2016.

Professor Curran mora em Mesa, Arizona, e passa parte do ano no Colorado. Está casado com Keah Runshang Curran e o casal tem uma filha Kathleen que mora em Albuquerque, Novo México. Seu filme documentário, "Greening the Revolution" se apresentou mais recentemente no Festival de Filmes de Sonoma na Califórnia. Katie foi nomeada "Best Female Director" no Festival de Filmes de Oaxaca no México. Agora está disponível no Facebook.

O endereço eletrônico do autor é: profmark@asu.edu

O endereço de seu site profissional é: www.currancordelconnection.com